当代高校英语多模态教学理论研究

周媛 著

天津出版传媒集团

天津科学技术出版社

图书在版编目（CIP）数据

当代高校英语多模态教学理论研究 / 周媛著. -- 天
津：天津科学技术出版社，2023.4
ISBN 978-7-5742-1112-4

Ⅰ. ①当… Ⅱ. ①周… Ⅲ. ①英语 – 教学研究 – 高等
学校 Ⅳ. ①H319.3

中国国家版本馆CIP数据核字(2023)第075271号

_____

当代高校英语多模态教学理论研究
DANGDAI GAOXIAO YINGYU DUOMOTAI JIAOXUE LILUN YANJIU

责任编辑：刘　鹕
责任印制：兰　毅

出　　　版：天津出版传媒集团
　　　　　　天津科学技术出版社
地　　　址：天津市西康路35号
邮　　　编：300051
电　　　话：（022）23332377
网　　　址：www.tjkjcbs.com.cn
发　　　行：新华书店经销
印　　　刷：石家庄汇展印刷有限公司

_____

开本 710×1000　1/16　印张 15　字数 200 000
2023年4月第1版第1次印刷
定价：88.00元

前　言

　　随着现代信息技术的迅速发展，人类交际话语已不仅仅以文本模态呈现，还以图画、动画、声音、图标、颜色等多模态同时呈现。多模态话语分析是建立在韩礼德的社会符号学理论基础上的一个崭新的话语分析形式，可以分析语言、图像、空间以及其他语篇资源。其把话语分析从语言的社会符号研究提高到多种模态语篇研究的高度。

　　多模态教学模式是一种基于多媒体材料的多模态的"教与学"形式，多媒体材料包括文字、图像、照片、音频、视频等，计算机与人之间的互动模态则有听觉、视觉、触摸等。这一教学模式以教学信息为出发点，以发展学生的认知能力为目标，要求教师多模态教学、学生多模态学习，形成师生间的多模态互动，使教学方法和手段多样化。也就是说，实际教学中如果一种模态的话语不能充分表达其意思，可借助另一种模态的话语来补充、协同，使表达更充分、更全面。就高校英语教学而言，高校英语教学中应用多模态教学模式能够在师生之间形成多模态互动，构建和谐的师生关系，调动学生积极性，对提高教学质量、学习质量有着重要作用。总之，多模态教学模式是在合理利用传统教学方法的同时协调各种现代教学工具，使之形成一种合力，以优化教学效果。

　　本书首先阐述了多模态理论以及多模态英语教学理论，探讨了高校英语多模态教学的理论基础，重点论述了高校英语多模态教学课件的开发、高校英语多模态教学模式的构建、多模态英语课堂教学设计框架与应用、高校英语基本技能的多模态教学，最后论述了高校英语多模态课堂教学评估体系。本书充分体现了笔者关于大学英语多模态课堂教学的新思想，体现了理论与实践相统一的整体性构思，专业性和实用性较强。由于笔者水平有限，书中难免存在不足之处，恳请广大读者批评指正。

目　录

第一章　多模态理论概述

第一节　多模态的相关概念

一、模态与多模态

对于什么是模态，国内外很多学者都曾进行过界定。顾曰国界定的模态是人类通过视觉、听觉等感官与外部各类环境之间的互动方式。朱永生则将模态定义为一种符号系统，主要包括语言、图像、技术、音乐、颜色等。因此，根据所调动的感官个数的多少，模态可以分为单模态和多模态。单模态是单个感官进行的互动，多模态是两个或两个以上的感官进行的互动。另外高蕊、赵滨丽两人也界定了模态与多模态①。首先，他们认为模态是指交流的渠道和媒介，如语言、图像、颜色等符号系统。多模态是指一种及以上的符号编码所实现的意义文本。尽管这些对模态和多模态的界定都不是最完美的，但就目前进展来看，已经是相对完善的界定了。

二、模态和媒介

朱永生指出，模态是交流的渠道和媒介，包括语言、技术、颜色、图像等符号系统，而媒介则是只在语言交际的过程中使用的技术②。国外学者克雷斯（Kress）和范·勒文（Van leeuwen）对这两个概念进行了界定：模态是同步实现话语和交流类别的符号资源，它可以通过多于一种

① 高蕊，赵滨丽.大学英语课堂教学多模态话语研究[J].边疆经济与文化，2010（12）：156-157.

② 朱永生.多模态话语分析的理论基础与研究方法[J].外语学刊，2007（05）：82-86.

的媒介来实现。综合上述国内外对模态和媒体的定义，笔者认为两者之间最本质的区别在于模态是内容，媒介是变现方式，模态通过媒介表现出来，而媒介是模态实现的手段，两者相互依存。

三、多模态与多媒体的关系

模态和媒体既相互联系又相互区别。在现代教育理论中，多模态和多媒体教学多被大家联系在一起，甚至等同来用。在研究高校英语多模态教学之前，十分有必要将多模态和多媒体加以区分，并弄清楚两者之间存在的联系。一方面是为开展基于数字语言实验室的英语多模态教学提供更坚实的研究基础，另一方面对教师在教学环节中正确调用不同媒介或模态、提高教学质量有很大的帮助。

多媒体的英文表达是 multimedia，从字面上看可以拆分为 multi 和 media，顾名思义，可以理解为多种媒体的综合。媒体具有双重含义，一是指如磁带、光盘等储存信息的工具实体，这一类被称为媒质；二是指如文字、声音、图像、数字、颜色等传递信息的载体，这一类被称为媒介。多模态的英文表达是 multimodality，从字面上看可以拆分为 multi 和 modality 两部分。因此，多模态就可以理解为由单模态复合而成。

"模态"概念十分复杂。查尔斯·福塞维尔（Charles Forceville）是这样定义模态的，模态实质上是一种符号系统，这一系统可以用具体的感知过程来解释。换句话说，就是模态与生命体的五个感官（听觉、视觉、触觉、味觉、嗅觉）联系起来，构建了与五个感官对应的五个模态，即图音波或听觉模态、画或视觉模态、触觉模态、味觉模态和嗅觉模态。在社会交流过程中，人们可以随处发现这五种模态，它们不是单一出现的，而是几种模态混合使用的。模态多种多样，所以人们很难对其进行明确的分类界定。一般来说，模态被分为图像符号、书面符号、口头符号、手势、声音、音乐、气味、味道、接触。多模态是各种生成意义的符号资源。顾曰国教授指出，模态是人类通过感官（如视觉、听觉等）

跟外部环境（如人、机器、物件、动物等）互动的方式。根据参与互动的感官个数，模态可被分为单模态、双模态和多模态。

　　模态和媒体之间的区别可以简单地概括如下：模态是一种符号系统，而媒体是物质手段；模态是可对比的、可对立的，媒体体现的是符号分布的印迹。例如，在英语课堂中，教师在黑板上写板书时学生动用的是视觉模态，黑板就是传递信息的媒体；教师利用多媒体给学生播放原版英文电影时调动了学生的视觉模态和听觉模态，而音频材料、扩音器等就是表达信息的物理工具，也就是媒体。因此，多模态和多媒体两者既有区别又有联系，把握好两者之间的关系对多模态研究有很大的帮助。

第二节　多模态话语分析的理论基础

一、话语模态的产生

　　这里探讨的模态，起初是生命科学中的一个术语。根据生命科学领域的研究成果，生命体是在演化过程中获得视觉、听觉、味觉、嗅觉以及触觉五种不同的感知通道的[①]，即通过眼睛获得视觉通道，通过耳朵获得听觉通道，通过舌头获得味觉通道，通过鼻子获得嗅觉通道以及通过皮肤获得触觉通道。这些通道是生命体与外界环境进行信息交流的路径。在物竞天择的残酷现实面前，生命体能否迅速而有效地对外界刺激做出反应直接关系到生命体的生存乃至繁衍。

　　生物学家认为以上五种感知通道直接导致了以下交际模态的产生，即视觉模态、听觉模态、味觉模态、嗅觉模态以及触觉模态。而在这五种模态中与话语分析联系最为紧密的便是视觉模态和听觉模态。随着现代科技的发展，其他模态（味觉模态、嗅觉模态、触觉模态）也逐渐用于话语交际。如德国一家电影气味公司，配合电影前广告的播放，喷放

---

① 朱永生，严世清．系统功能语言学再思考[M]．上海：复旦大学出版社，2011：15．

出妮维雅产品的气味，使人们在观看电影的同时不仅调用视觉模态和听觉模态，而且调用嗅觉模态，提高了电影公司的影响力，同时达到宣传产品的目的。

二、多模态话语分析

判定某段话是不是多模态话语可依据以下两条判定标准。

第一条是判断这段多模态话语涉及的模态种类，这是目前语言学家普遍接受的标准。只使用一种模态的话语被称为"单模态话语"，如仅使用听觉模态的收音广播或者单凭视觉模态的书面阅读等。同时调用两种模态的话语被称为"双模态话语"，如目前流行的视频会议，交际双方在用耳朵听会议内容的同时也可以用眼睛看讲话者的手势或表情。同理，使用三种或以上模态的话语被称为"多模态话语"，这种例子不胜枚举。例如，使用手机过程中即可以用耳朵听对方讲话，可以用眼睛看短信，还可以用手指发短信；观看电影时，既可以用眼睛看字幕和图像，又可以用耳朵听音响效果，在某种技术下，还可以实现气味的传播。

第二条是看话语中涉及的符号系统种类。有些话语虽然只有一种模态，但却有两种或以上的系统符号。如观看漫画时，虽然只有视觉模态，但既有文字符号又有图像符号；收听广播时虽然只有听觉模态，却涉及文字内容和声音符号。这样的话语也被视为多模态话语，确切的说法是"多符号话语"。

目前，国外众多语言学家所说的多模态话语分析多指上述第二种情况，本书也采用第二种标准来界定多模态话语分析，即多模态话语分析是指人运用视觉、听觉甚至触觉等多种感官，通过语言、声音、图像、动作等多种模态符号进行交际的现象。

三、多模态话语分析的理论框架

国内许多学者依据系统功能语言学对多模态话语分析做了相当多的

研究。张德禄教授也以此为理论基础，提出了多模态话语分析的理论框架，该理论框架包括文化层面、语境层面、意义层面、形式层面及媒介层面。他认为，文化层面表现为语境层面，语境层面决定意义层面，意义层面体现为形式层面，形式层面体现为媒介层面。此种综合理论框架遵循系统功能语言学的传统，把话语形式的范围扩展到除纯语言之外的图像、声音等方面，并且认为形式层面是多模态话语分析的重难点。

　　文化层面是实现多模态交际的关键，包括意识形态和体裁两个方面。意识形态是人的世界观、人生观、价值观、思维模式和生活习惯等，体裁指的是可以实现此种意识形态的交际程序或结构潜势。没有文化层面，语境层面就无法解释。语境层面是指在具体的语境中，交际要受到语境因素包括话语范围、话语基调和话语方式等因素的制约。意义层面包括概念意义、人际意义和语篇意义。形式层面即实现意义的不同形式系统，媒介只有通过形式层面的组织才能表达意义，通过对多种模态符号的组合赋予这种组合一定的意义。各模态话语间协同参与表达意义，一种模态需要另一种模态的补充，则模态间是互补关系，其他的则被称为非互补关系。

　　媒介层面是五个层面的表达层面，是话语在物质世界的最终表现形式，话语最终由媒介系统呈现。媒介是人们感知外界事物所借助的物质和工具，媒介系统包括语言和非语言两种，其中语言媒介主要借助符号和书写两种媒介形式传播意义。伴随语言的媒介形式如音量、音调、音响、口音等对传递语言的意义有辅助性、补充性、强化性的作用。其他的伴随语言还包括说话的语气，字体的大小、颜色及空间布局等。这些伴随语言对意义的完整表达有着非常重要，甚至关键性的作用。非语言媒介包括交际者发出的动作及其在表达意义中使用的其他非语言手段，其中交际者所发出的动作又可以分为以下三类。

　　第一类：跟头部相关的动作，如点头、摇头、低头、仰头等，或者与头部其他感官有关的动作，包括与眼睛有关的注视、凝视、使眼色等，还包括与表情有关的，如开心或伤心的表情、微笑、大笑等。头部动作甚至包括鼻子和耳朵产生动作形成的媒介符号。

第二类：跟躯干有关的动作，如摆出的姿势、位置的移动、身体的摇摆、模拟其他动作等。

第三类：由手臂和腿发出的动作，包括手臂的摇动、手做出的手势，还包括腿的弯伸、并立及踢跳等。其他的非语言手段是环境和工具。环境即交际者所处环境中的人和物或其他有象征意义的媒介符号。伴随着科学技术的飞速发展，交际者所使用的肢体外的工具性媒介变得多元化，包括音响设备、网络平台以及同声传译室等。

四、多模态话语分析的理论基础

多模态话语分析深受系统功能语言学和社会符号学的影响，但其主要的理论基础却是韩礼德（Halliday）创立的系统功能语言学。

（一）社会符号学

奥托（Otole）是较早采用社会符号学对多模态话语进行分析的人物之一，其他人还有克雷斯、范·勒文、鲍德里（Baldry）和蒂博（Thibault）等，他们都受到社会符号学理论的影响。他们进行的多模态话语分析是基于系统功能语言学的社会符号分析方法。系统功能语法是对英语语言的分析，其核心理念是语言是一种社会符号，具有三大纯理功能。概念功能用以表征客观世界和内心世界，人际功能用以体现交际参与和交际角色的关系，语篇功能用以组织语篇。克雷斯、范·勒文研究的重点在于把功能语法扩展到包括视觉模态在内的多模态语篇，他们通常把多模态语篇作为一个整体，不单对语言和图像进行分析，还尝试打破这一界限，用韩礼德的三大纯理功能思想对其他的交际模态进行分析，如对建筑、绘画、雕塑等都可以采用纯语言的分析方法。这需要构建一种适合所有符号的分析方法，即多模态话语分析法。

（二）系统功能语言学

多模态话语分析吸收了系统功能语言学中语言是社会符号和意义潜势的观点，认为语言之外的其他符号系统也是意义的源泉，接受了系统理论即多模态话语本身也具有系统性，还接受了纯理功能假说和语域理论，认为多模态话语与只包含语言符号的话语一样也具有三大功能，即概念功能、人际功能和语篇功能，语境因素和多模态话语的意义解读之间的联系密不可分。无疑，在迄今为止的主要语言学流派中，如在结构语言学、转换生成语言学派、系统功能语言学、社会语言学派中，系统功能语言学是多模态话语研究中使用最广泛的理论。

（三）视觉语法

克雷斯、范·勒文等多模态话语分析者接受了韩礼德的系统功能学有关概念功能、人际功能和语篇功能的思想，并以此为基础，建构了自己的相关理论。他们指出，多模态话语是一个由多种模态构成的有机系统。一方面，每种模态（比如文字、图像和声音等）在语篇中独立存在并且生成意义；另一方面，所有的模态系统都由各种模态组合而成，其组合部分只有在相应系统中才能生成语篇的相应意义。同时克雷斯、范·勒文主张图像具有社会符号性，视觉语法将描写的人物、地点和事物如何组成具有不同复杂程度的视觉陈述。两位学者将韩礼德的语法功能理论用来分析图像，建立以再现意义、互动意义和构图意义为中心的视觉语法理论框架，将这三种功能意义与韩礼德的三大元功能对接。

第三节　多模态话语理论的内涵

首先我们应弄清楚什么是多模态话语。多模态话语是指通过调动多种因素如视觉、听觉和触觉，以文字、画面、音响等符号资源为媒介进行的现代交际过程。现代交际正经历着复杂的转变过程，逐步由静态的平面转变为动态的、立体的。2006年，金特尔·F.M.奈特（Centle·F. M.Knight）和科里根（Corrigan）出版了《多模态识读和信息》，该书指出，多模态因素主要包括五种成分（见表1-1），它们是现代化的信息传输媒体，是现代人的识读客体。

表1-1　多模态因素主要成分

成分名称	举　例
语言成分	词汇、隐喻、结构、情态
视觉成分	颜色、视角、矢量、前景、背景
听觉成分	噪音、音乐、音响效果
姿态成分	行为、感受、身体控制、情感、动作
空间成分	生态空间、几何空间、建筑空间

一、多模态话语理论的相关论述

近十年来，多模态话语分析作为一种新的话语分析方式，发展并活跃于西方的语言学领域。由于多模态话语分析理论借用了系统功能语言学的理论框架，因此我们应先从研究系统功能语言学理论入手。系统功能语言学指出语言是人际交流最有效的模态形式，但它绝不是唯一的形式。曾经人们认为声音、图像、动作等是一种副语言，应当在交际中处于辅助位置，然而随着多模态话语分析理论的发展，人们意识到意义的实现不应当是某种单一模态，而应该将语言符号和副语言符合结合，形成宽泛的符号资源。语言内部的运作机制和语言外部的动因环境都是系统语言学所关心的内容。在多模态话语分析中，模态是指交际的渠道和媒介，包括语言、颜色、音乐、技术、图像等符号系统。多模态则是指除了文本之外，还带有图像、图表等的复合话语，或者说任何由一种以上的符号编码实现意义的文本。多模态话语指运用听觉、视觉、触觉等多种感觉，通过语言、声音、图像、动作等多种手段和符号资源进行交际的现象。

多模态话语实质上是多模态交际。朱永生指出，多模态话语就是指在交际中涉及多种感知模态或由一种以上符号系统共同编码构建整体意义传达信息的文本。我们可以通过模态种类的多少和涉及的符号系统的多少来判断是否是多模态话语。一方面我们可以分析在日常使用最多的视、听、味、嗅、触五个模态中使用到了多少个模态，例如在英语课堂上我们通过听觉模态听录音材料，通过视觉模态看 PPT；另一方面，我们还可以通过分析具体包含符号系统的数量来判断是否是多模态话语。例如，教师在英语课上播放英文视频，该视频资料不仅有图像、声音、颜色，还有下方的字幕等，它既调动了学生的听觉系统又调动了学生的视觉系统，因此这种教学模式就具有多模态性。

在交际中，人们该选择单模态还是多模态，多模态又该选取哪几种，这些都取决于交际的目的和意义。当人们想要在最短时间内最直接地表达某种意义的时候，最好选取单模态的交流方式。但是往往单一的模态很难引起大家的注意，因此，在很多的人际交往过程中，人们为了更形象更全面地表达某种意义，往往会采用听觉、视觉、触觉、嗅觉等多种感觉相结合的模式，充分利用声音、图像、模型、动作等多种手段和符号资源。

当然，多模态话语的生成还受不同语境的制约。例如，具体的情景语境和文化语境都对模态的选择和意义的表达产生影响。当一种模态不能完整准确地表达出某种意义的时候，我们就需要选取其他一种或多种模态来补充，从而达到交际的目的。例如，在嘈杂的地铁站，我们要和远处的朋友对话，就需要加上部分肢体语言；当一种模态能基本表达出意义的时候，如果我们再选择其他模态使表达更加形象具体的话，就可以吸引更多读者的注意力。在幽默图画中只提供语境依赖性强的书面话语，或者在录像中提供同类口头话语。为了突出重点，在一种模态表达整体意义的前提下，我们运用另一种来强化重点意义。为了抒发情感，我们用一种模态来表达基本的概念意义，用另一种模态来表达人际意义（包括态度、情感、目的等）。当遇到非常深奥的道理或者需要解释很抽象的概念时，我们经常用另外的模态来进行补充说明，从而使听者理解真正的含义。

张德禄教授认为，模态与媒体基本上是形式和实体的关系。他在李姆的综合性多符号模式基础上提出了多模态话语分析综合框架。从多模态话语的角度出发，我们可以把媒体分为语言媒体和非语言媒体。语言媒体主要有声音符号和书写符号。声音符号是依靠声波传导的，书写符号是由笔等书写工具实现的。伴随语言的媒体形式包括音量、音调、声率、口音、语气等，以及字体大小、形状、空间的布局等。非语言媒体体现为交际者肢体动作和交际者在意义表达中所使用的其他非语言手段，如肢体语言和工具等。交际者可以通过各种肢体的运动来实现交际的目的，如打手势可以表达某种特定含义，摇头可以表达否定的意思，挥手可以表达致意，等等。

多模态话语理论又被称为批评性社会符号学，它结合了社会符号学和话语分析，在批评话语分析的基础上发展起来。多模态话语理论主要来自韩礼德，他认为语言是社会符号的思想。根据韩礼德元功能理论，概念功能（ideational function）、人际功能（interpersonal function）和语篇功能（textual function）是人们表达思想的三大元功能，不管是口语还是书面用语，都具备了这三大元功能。近年来社会经济飞速发展，科学技术不断创新，尤其是网络技术和多媒体技术的不断发展，促进了多模态理论的研究，使多模态成为人际交往的主流模式。

视觉符号以及其他传统习惯中被人们认为是副语言的图像、音乐、颜色等符号，越来越多地处于突出甚至优势和中心地位。这些符号不再仅仅是一种交流的形式，而是一种表达意义的手段。在这种社会文化背景下，需要对人类的符号建构过程有一个重新的认识，也就是要使目前的多模态交流理论化，因为现有的理论都是建立在对语言这种单一模态了解的基础上的，而这种理解一直错误地阐释了人类符号过程的根本特征。所以根据韩礼德的功能语法理论，多模态话语理论将社会符号所具有的概念功能、人际功能和语篇功能三大元功能拓展到言语以外的范围，延伸到了音乐、图像、颜色等符号范围。该理论认为，除了分析语言特征外，还应该重视音乐、图像、颜色等符号在话语中从听觉、视觉等方面发挥的作用，而且这些符号既各自独立，又相互作用。

二、功能语言学

20 世纪 70 年代，英国语言学家韩礼德创立了系统功能语言学。1978 年，韩礼德在其论著中提到，在社会符号学的视野中，文化是意义系统，符号资源是人类在一定社会背景和一定的历史时刻响应特定的社会、文化或经济需要而创造的意义表达系统，他把整个语言看作一个社会符号系统——表意系统，除了语言之外还存在着图像、音乐、服装、色彩、动作和舞蹈等其他非语言的表意系统。韩礼德认为这些非语言的表意系统也是意义生成的资源，而且意义的表达是由多种模态符号来共同实现的。

另外，系统功能语言学的纯理假说认为非语言符号模态话语（肢体动作、声音和图像等）与语言符号模态一样，同样具备概念意义、人际意义和语篇意义等功能。20 世纪 90 年代兴起的多模态话语分析不仅继承了系统功能语言学的这些思想，而且还延续了系统功能学派的语境观点：语言在一定的语境中产生，解读多模态话语的意义必须考虑语境因素。这一新兴理论从皮尔斯（Pierce）等人的符号学理论中吸取了"媒介、对象、解释三位一体"的理念，并以社会符号学为视角，在批评话语分析的基础上，与社会符号学、系统功能语法和传统的话语分析等领域的研究成果结合进而发展。因此，韩礼德的系统功能语言学就是多模态话语分析的理论基础。

不仅如此，经学者的大量研究证实，多模态话语最合适的理论模式应该是系统功能语言学理论，原因是它不需要为适应新的目的而对理论框架本身进行改造。虽然多模态话语分析似乎扩大了它的研究范围，但系统功能语言学理论本身不需要做任何改动就可以直接作为其理论框架。这个框架主要由文化、语境、意义、形式和媒体五个层面的系统组成。由之前对于多模态理论综合框架的分析研究可知，多模态理论综合框架中的内容层面实际就是由系统功能语言学理论框架中的意义层面和形式层面构成的，而多模态理论综合框架中的表达层面也正是由此处的媒体层面所直接展示的。由以上论述可知，以系统功能语言学为理论基础的多模态话语分析理论非常契合语言的三大要素之一——词汇的教授与学习。因此，多模态话语分析理论与英语词汇教学有着密切关系。

三、多模态话语理论在高校英语教学中的应用

随着信息技术的不断发展和教学条件的不断改善，各大院校都配备了功能先进的多媒体教室。近几年，基于网络的数字化语言实验室的出现，更是丰富了教学方式，使教学出现了多模态化的倾向。高校多模态英语教学也日益成为现在教学的主题。传统教学中多是用语言文字等较为单一的模态。而随着多媒体技术的不断发展，英语课堂越来越多地走进了数字语言实验室。除语言授课、写板书等传统教学手段外，教学越来越多地使用了现代化的多媒体工具，将音频、视频等多种模态运用到教学过程中。同时模态内部各个媒体之间相互协作，例如，音像资源可以在听觉模态中发挥作用，促进学生对知识的理解。PPT课件可以重点突出、更直观更清晰地展现所学知识，是对课本的有效补充，教师的讲解声音配合视频的声音，可以加强对学生听觉的刺激，二者相互协作，可以提高学习效率。与此同时，色彩的对比、文字图案的相互协作体现了视觉符号中各种符号的相互协作。

在高校英语教学中，部分学生存在英语基础差、学习兴趣弱的情况。而数字语言实验室为多模态英语教学提供了很好的平台，为学生顺利、迅速地学习、掌握第二语言提供了有利的条件。就模态的运用而言，英语教学主要涉及听觉和视觉两种模态的运用。二者协调统一，缺一不可。接下来笔者将结合高校英语教学的特点，以多模态视觉符号观点、多模态语篇的观点、非语言交际的观点为理论基础，介绍多模态理论在高校英语教学中的应用。

（一）基于视觉符号观点的高校视听英语教学

多模态话语理论关于视觉符号的观点指出，视觉图像具有情境再现、场景互动、生成意义的三大功能，视觉符号在英语教学中的应用可以贯穿整个视听课堂。因此多模态视觉符号的观点为高校英语视听教学提供了指导原则。以下笔者将从语料选取、课程开展、能力评价三个核心教学环节介绍多模态理论是如何运用于高校视听英语教学的。

1. 视听语料的选取

虽然视听材料十分丰富，但面对种类繁多的材料，需要谨慎的选择。语料的选取要尽量降低难度，选择学生感兴趣的内容。根据视听材料的再现情境功能，坚持真实性和实用性的选取原则，如通过慢速英语新闻、英文动画剪辑等材料再现真实生活，可以让学生仿佛身临其境，并达到学以致用的效果。同时应注意选取语料的长度，避免材料过于冗长的情况发生，所选视频也应短小精悍。

2. 视听课程的实施

多模态理论认为视觉符号具有场景互动功能。因此，将教师、学生、视听语料三者结合，实现课堂互动的多模态授课方法可以极大地调动学生的兴趣和学习积极性。这样的授课模式鼓励学生主动去听，对加深学生视听符号的理解起到了很大的促进作用。在此之后教师开始展示视觉符号。在高校多模态英语教学中，应注意对话场景的设置。高校英语强调实用为主，因此对话场景可以选取适合学生今后就业的方向。例如，公司、旅游景点、飞机场等。在这一过程中多种模态如视觉、听觉、文本等交互呈现。文本模态为图像提供必要补充，视觉模态中图像符号通过动态、色彩等形式呈现主要信息。音频符号通过朗读者的音量、音调、语速进行意义的传输。教师可以利用数字语言实验室的设备对教学材料进行形式多样的展示。例如，在 Country Music 这一单元中，教师制作了多媒体课件，首先以文本的形式在课件上介绍了 Jazz，Rock Music，Classic Music 这几个名词的含义，然后以图片的形式展示了各个音乐领域的代表人物，最后播放了各个音乐片段的音频，更加生动、具体地展示了这几个名词。这是非常典型的语言与非语言搭配的多模态教学形式。这种多模态的教学方式极大地调动了学生的各种感官，传递了丰富的信息，刺激了学生的听觉、视觉等，使学生对英语课堂表现出了极大的兴趣，这必然会促进学生的学习动力、提高学习效率。

3.能力评价

评价学生的视听能力不能仅仅考查音频输入的效果，还应考查学生是否能从语音语调、肢体语言等多个方面再现视听材料。这样的评价标准是依据多模态话语理论关于视觉符号构成意义的功能制定的全面综合的能力评价体系，体现了培养学生视听能力的教学目标。

（二）基于多模态语篇观点的高校英语阅读教学

多模态语篇是指，把各种交际模态当作意义生成资源的一种语篇视角。朱依特（Jewit）指出，现代语篇意义由多种模态构成，所有的模态都通过社会使用变成了符号资源，所有的语篇都具有多模态性。而学生使用的教科书其文字的印刷体式就是这样一种模态，具有意义潜势。它与语言符号系统一样，具有概念功能和人际功能，共同参与语篇意义的构建。教科书中有大量的图表，根据多模态的语篇观点，应将这些图表称为"非文章材料"，合理利用这些非文章材料，对提高学生阅读的有效性有很大的帮助。笔者认为教师的指导干预和学生的技术实践是阅读教学的两个关键点。

1. 教师的指导干预

在大学英语阅读教学中，教师以文字模态为主要平台，指导学生重点识读非文字模态，寻找它们与文字模态的内在联系，训练学生甄别非文章材料的意义，提高他们的敏感度。在开展任务型阅读时，教师要引导学生利用好排版的格式，例如，标题、黑体字、斜体字，标点符号等，来快速准确地定位重点信息和文字的脉络。

2. 学生技术识读实践

大学英语教学强调实用为主，因此，当面对一些非文字模态时，学生应当提高敏感度。对于刚入学的学生，应从初级练习开始。可以给学生展示英文菜单，让他们快速浏览，捕捉到所需的菜名和价格等信息；给学生提供英文的飞机航班表，让他们快速地获取航班信息。经过一段时间的学习后，学生初步掌握了简短的阅读技巧后，可以进入批评性识读阶段。例如，给学生提供一组图片，分别是父母给襁褓中的婴儿喂奶、父母送孩子去上学、孩子搀扶着年老的父母。要求学生根据自己的人生观、价值观来描述和体会这一组图片，从而引出孩子孝敬父母的主题。学生的人生观和价值取向不同，因此会有不同的信息反馈，这属于批判性阅读，是开放性的任务。这一特点正体现了大学多模态识读法的特色。

（三）基于非言语交际观点的高校英语口语教学

非言语符号在话语意义中占很大一部分比例，如手势、面部表情、语音语调等，具有五大交际功能。这些非言语因素弥补了单模态的不足，将各种模态有机整合，传递信息。这一观点可以应用于大学英语口语教学中，如场景模拟、角色扮演等。教师可将口语教学分成如下环节。首先，选取学生感兴趣的社会热点话题或人物作为口语的背景。让学生根据背景材料，设计并扮演不同的角色，从而增强对社会的洞察力。例如，汽车学院的学生可以将车展作为话题发生的场景，模拟车展现场，让学生充分地利用数字语音室的非言语媒介，开展角色扮演活动。这样的教学方法可以使学生充分地利用这些现有资源进行口语交流，增强了学生借助非言语符号进行意义传递的能力。例如，一名学生模拟售车顾问的肢体语言等非言语成分，结合所学专业术语进行汽车销售，另一位同学作为消费者，采用适当的动作、声音、体态等非言语系统进行沟通。让学生成为语言交际活动的主体，使学生用语言之外的手段实现有效沟通。在基于数字语言实验室环境下的多模态英语教学中，教师通过设置多种形式的教学活动，帮助学生构建知识结构。这样的口语教学最大限度地激发学生的学习动机和学习兴趣，使他们能够张开口、大胆说。在英语口语交流中学会人与人之间的交流，同时能够学以致用。

第二章　基于多模态理论的
英语教学模式的提出

第一节　多模态话语各模态之间的协同关系

一、多模态话语的媒体系统

在多模态交际中直接接触和使用的工具是交际媒体，所以要探讨模态之间的关系，就须区分模态（Mode）和媒体（Medium）。根据斯考伦（Scollon）和莱文（Levine）的观点，模态是可对比、可对立的符号系统，媒体是符号分布印迹的物质手段，如产生语篇采用的印刷或手写的手段，说话时发出的声音，身体动作或计算机显示器上的光脉冲。克雷斯探讨教学中多模态交际时认为，信息传递有三个理论基础：首先，物质的媒体经过社会长时间塑造，成为意义产生的资源，可表达不同社团所交流的意义，这就成了模态；其次，作为口语的语言模态和作为书面语的语言模态以及其他模态往往是交织在一起的，在信息传递语境中它们同时存在，同时运作，而且这种互动本身就会产生意义；最后，使用者经常对表达和信息传递的模态加以改变，以适应社会信息传递的需要。这样，已有的模态不断被改造，新模态不断被创造。可见，模态是以媒体为物质基础的。没有媒体，模态就无从谈起。所以，在探讨各模态之间的关系之前，要探讨媒体的分类和作用。

媒体在此指所有符号系统的媒体，但由于语言在人类交际中的特殊地位和作用，这里首先把媒体分为语言媒体和非语言媒体。从传统的语言学研究的角度讲，实现意义传播的媒体形式主要有两种：声波传导的声音符号和由笔、毛刷等生成的书写符号。这两种媒体是语言传播信息的主要媒介，但随着信息技术的不断发展，其他技术开始用于语言信息的传播，如计算机文字输入、计算机语音识别等，但最终的传播媒体仍然是声音或者字符。这些声音或字符伴随语言的媒体对语言意义的传递起到辅助、补充和强化的作用，包括音响、音调、音频、口音、口气以及字体形状、大小、空间的布局等。这些伴随语言的媒体特征对意义整体的表达起着十分重要的作用，有时起关键作用，因为它可以引发整体意义的改变。

所有符号系统的载体及表达媒介，都是媒体。非语言媒体可以分为交际者肢体媒体和非肢体媒体。交际者肢体媒体包括由头部的移动形成的动作，由面部的状态形成的面部表情，由嘴的动作形成的笑容以及鼻子和耳朵的动作形成的媒体符号；由手臂和腿形成的媒体符号；由躯干动作形成的媒体符号，如姿势、移动、摇摆、模拟等。非肢体媒体包括所有其他不是通过交际者肢体实现的媒体，如交际者使用的工具、实现交际的渠道和交际环境等。随着现代科学技术的发展，交际者肢体以外的交际媒体变得十分发达。从起初的音响设备、图画、音乐、信号等到PPT、网络设备，再到现在的网络平台、同声传译室等，都是工具性的媒体。此外，交际者还可以利用环境中已有的任何相关因素来进行交际，包括现场环境中的人和物，各种有象征意义的符号等。

作为人类交流信息的方式，多模态话语里的"多"有三层含义：既包括作为交流主体的人所拥有的多种感知渠道（听觉、视觉、触觉、嗅觉等），又包括交流所需的物质媒介和技术媒体，还包括通过这些渠道和媒介生产出来的，诸如语言、图像、声音和动作等多种符号资源。模态的"多"直接导致话语含义的改变，"话语"不再是以语言、书面语或口头语来区分的仅由一种符号构建的交际单位，而是由多种符号共同构成的在某一特定社团里可以识别的意义实体。对多模态话语的字面分析可以反映出多模态话语本身及其实践的复杂性。

媒体只是意义传递的载体，本身并不带有意义，只有通过形式层面的组织和模式化才具有直接表达意义的能力。模态对媒体进行协同构建和组织有两种手段：一种是直接赋予某个媒介符号某种意义，如在交通信号系统中，红色表示"停止"，绿色表示"走"，黄色表示"准备走或停"。语言中的象声词也有这种特性。由这种符号组成的符号系统通常没有能产性、任意性，它们由两个层次的代码组成（媒介与意义），所以其用途有限。另一种方法是不仅可以给单个的符号赋予意义，还可以把它们进行组合，然后赋予这种组合一定的意义，这就是语法的作用。由这种符号和符号组成规则形成的符号系统具有任意性、能产性、双分性，由三个层次的代码组成（媒介、形式和意义）。语言属于这一类，多模态话语和语言一样，也包括意义、形式和实体三个层次。

意义潜势就存在于多模块、多模态话语系统中，是"实例化连续体"，分别由语境和语言的三个层次由外而内构成。语境包括文化层面的意识形态、语类和语域（语场、语旨和语式），语言层的语篇语义层、词汇—语法层和音系层。在多模态话语中，一定意识形态的文化在具体的语境范围中以某种语言形式加以体现，通过话语的概念意义、人际意义和语篇意义来体现，借助一定媒体，通过语言、伴语言（图画、字体、布局）、体势语、工具（网络、PPT）和环境（网络教室）表现，以口语模态、听力模态、书面模态或电子模态实现人际互动。一定的模态具有特有的表意潜势，即模态的供用特征（Affordance）。如语义的语言表达往往适用于解释深奥概念、理论和哲理，声音、音乐、图像颜色、字体形状等适合于表达人的情感态度，图形结构、体势指示更适合表达方向、形状等语篇意义，而多模态话语，如图形加口头语言，能解释陌生的、特别是抽象的事物，建构整体意义。

二、多模态话语形式之间的关系

（一）多模态话语间关系的理论基础

张德禄基于系统功能语言学理论，结合 Lim 在研究图画与语言形成的多模态话语时提供的综合性多符号模式框架时，提出了由文化层面、语境层面、内容层面和表达层面四个层面组成的多模态话语分析综合理论框架①。参照这个综合理论框架，设计出了动态多模态话语分析框架，如图2-1所示。

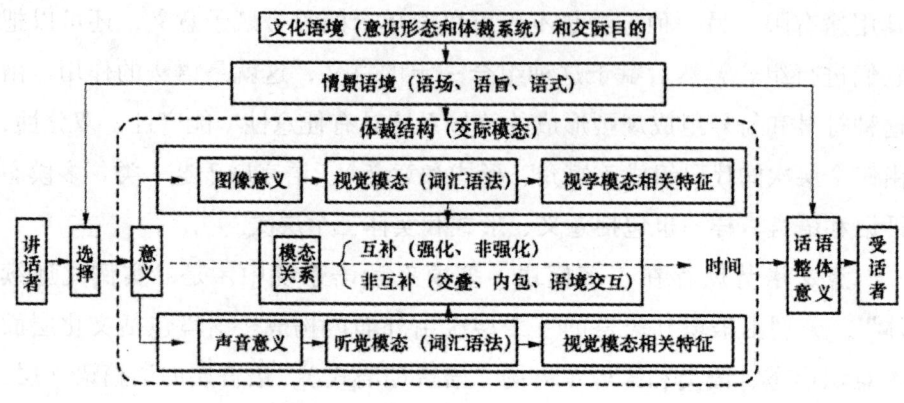

图2-1 动态多模态话语分析框架

在一定的文化语境中，受意识形态的支配和体裁系统的制约，讲话者要根据具体的情景语境（语场、语旨、语式）和交际目的选择所表达的意义，并以合适的模态及其体裁结构体现出来。所选择的意义可以由图像体现，即由视觉模态体现；也可由声音体现，即由听觉模态体现。在系统选择中，最关键的因素是利用好不同模态之间的关系，使不同的模态相互配合，从而构建动态多模态话语的整体意义，因为不同的模态体现的意义属于同一个交际事件，需要整合为一体才具有交际意义。这种模态之间的配合主要体现在模态的形式层面，即在词汇语法层面表现出来。张德禄把这种多模态话语形式之间的关系归纳为互补关系（强化和非强化）和非互补关系（交叠、内包和语境交互）两大类。

模态之间的关系往往随着时间的变化呈现动态变化的过程：有时以话语为主、图像动画为辅；有时以图像动画为主、话语为辅。图像当中

① 张德禄.系统功能理论视阈下的多模态话语分析综合框架[J].现代外语，2018，41（06）：731-743.

的文字也与图像形成一定互补关系。两者之间关系的变化是和交际事件的进程密切相关的，动态多模态话语分析需要探讨这种动态性的图文变化过程以及话语与动画的关系。

（二）课堂中多模态之间的关系

课堂教学话语是以多模态为特点的，多模态大体有 5 种：视觉模态、听觉模态、触觉模态、嗅觉模态和味觉模态。在课堂教学中，口语模态一般是主模态，是实现教学话语意义的主要模态，但它存在很多不足，如不能长期留存、无法提供形象和具体的信息等，需要其他模态来补充。在传统教学中，主要采用教师和学生的肢体模态和文字来补充；在新的教学技术出现以后，新技术为口语模态提供了强力的支持。模态之间相互协同，共同构建意义，有时是互补的，由其他模态提供新的内容；有时是强化性的，一种模态用以强化另一个模态的意义。在多模态话语研究中，发现不同模态之间是如何相互协同、共同传达讲话者要表达的意义，这也是重要的研究课题。在探讨多模态话语形式之间的关系时，需要首先考虑一个问题：为什么人类在交际中会用多模态？是为了有趣，是随意的、是生理和心理的自然表现的结果，还是因为一种模态不能或者不能充分表达交际者的意义？可能两种情况都有，但最主要的应该是后者，即一种模态不足以表达清楚交际者的意义，从而需要利用另一者进行强化、补充、调节、协同，得到更加充分或者尽量充分的表达意义，即让听话者理解话语的目的。

从这个角度讲，不同模态的话语实际上都是以体现讲话者的整体意义为目的的。典型的多模态话语模式是指一种模态的话语不能充分表达其意义或者无法表达其全部意义，需要借助另一种来补充，这种模态之间的关系为"互补关系"。

在互补关系中，不同模态所起的作用是不同的，通常一种模态为默认模态或者基本模态，起基本的和基础的交际作用；另一种起补充作用，补充可以是强化，也可以是补缺。强化关系是说一种模态是基本的交际形式，而另一种或者多种形式是对它的强化。例如，如果语言是主要的交际形式，那么手势、身势等交际形式就只是起强化作用。反之，在主要以其他方式如图画、舞蹈等为交际形式时，语言可能只起辅助的、强化的作用。补缺表示两种交际模态缺一不可，互为补充的关系，特别是听觉和视觉的结合。

非互补关系表示第二种模态对第一种模态在意义的体现方面作用不大，但仍然作为一种辅助模态出现。

这种关系一般体现为模态交叠和语境交互的关系。交叠现象是两种或多种模态同时出现，但它们之间并不是相互强化的关系，这种现象可以在PPT中出现。例如，PPT画面上出现的是讲话者要讲的所有内容，讲话者只需要像读课本一样来读PPT画面上的内容或者大家一起来读这些内容即可。模态与语境的关系可以视为积极模态和消极模态之间的关系。情景可以直接参与交际过程，但它本身不能以积极的方式参与进去，而是根据交际者的交际目和交际方式而被拉进交际过程中的。所以，情景依赖性强的话语交际具有多模态特性。

三、多模态话语在外语教学中的协同关系

语言作为学术界的研究领域已经有几千年的历史，而多模态存在于学术研究领域却只有十多年的时间。在语言教学中，语言显然仍在大多数情况下占据统治地位，而其他模态还只是在不同程度上起着辅助、衬托、强化和补充的作用。然而，知识时代强调信息传播的多样性及技术的重要性。技术尤其是数字技术的广泛运用带来了教学领域的深刻变革，在几千年的书面语占统治地位的交际中，页面逐渐占据主导地位。而现今，随着计算机技术的发展，屏幕越来越占据主导地位，同时图像、动画等成为交际的主媒体，在教学中也是如此。单从语言的角度来研究课堂话语是有缺陷的，必须把其他模态和语言组合在一起来探讨课堂话语

意义的构建过程。所以，教学话语的多模态性已经成为一个重点研究领域。新伦敦小组（New London Group）认为交际工具及文化与语言的多样性要求教学从基于语言的传统教学法向范畴更加广泛的多元识读教学法转变。多元识读能力主要表现为多模态的识读能力，为了提高学生识读多模态的能力，教师在授课过程中需要把多模态协同应用于课堂教学，同时，也要注重课外教学中多模态的运用，使学生在体验中提高多模态识读能力及应用能力。

（一）多模态话语在外语课堂教学中的协同关系

1.课堂话语的意义建构

课堂话语的意义建构过程既是符号实践的过程也是物质过程。社会符号学及系统功能语言学的理论为多模态课堂话语分析提供了理论框架。课堂教学作为一种语类，语域的三要素在教学情境下分别投射为课堂教学内容、师生关系及课堂模态调用三个方面。布鲁姆的教学目标分类法（修正版）为课堂教学内容提供了大纲性指导；符号资源之间相互作用实现语篇意义的同时也体现符号各自的概念意义，并构建人际意义；元功能理论为课堂教学中各符号间相互作用的研究提供了分析工具，学生在识解符号资源相互作用中完成意义建构。建构主义认为教学环境中的符号作用于意义建构。意义建构是基于已有经验对现实的识解，是学习者个体建构与社会协商的结果。

鉴于其他模态具有和语言相同或者相似的功能，对这些模态的系统描述以及对这些模态在交际过程中形成的结构进行分析就成为一种必然。在对语言系统的研究中，语言的形式，即词汇语法，是首先研究的对象。现在大多数语言的词汇语法系统都得到系统完整的描述，而对于多模态研究中各个模态的系统，没有搞清楚它们的形式系统是如何运作的之前，就需要思考是否能够像研究语言的词汇语法那样描述它们的词汇语法系统。正因如此，我们现在看各个模态的系统和结构特征时是从上到下的，而且在大多数情况下是到了意义层面就不能再深入下去，或者还不能分清词汇语法系统和意义系统的区别。从这个角度可以说，多模态研究还处在初级阶段。下面根据我国高校英语课堂教学的实际语境来探讨各种模态之间的相互协同关系。

2. 高校英语多模态课堂

（1）高校英语多模态英语课堂中的要素

课堂教学系统包含四个要素：教师、学生、教学内容、教学媒体。每个要素对于保证正常课堂的教学都必不可少。教师是课堂的主导，学生是主体，利用教学媒体，将教学内容的意义完全呈现。各个要素既独立存在，又相互影响，相互制约，其关系处理得好与坏直接影响课堂效果的实现。在多模态前提下，如何最大限度地发挥各个要素的功能是值得英语教育者思考的问题。

①教师。教师是课堂的主导，在课前组织、课堂讨论、课下反思中发挥重要作用。在多模态的课堂中，教师不仅要注重口头言语的表达，同时还要考虑面部表情、仪态着装、音调音量、口音语气等的选择对学生产生的影响。教学的主模态是听觉模态，教师在课堂上的口语表达对意义的传递最直截了当。作为教师，要控制好口头表达时的音量、音调、语气、节奏、重读及口音等。音量过大、过小，音调过高、过低，语气唯唯诺诺或强硬，抑或是夹杂着浓郁的口音对于课堂意义的实现都会产生消极的影响。在正常的教学过程中，音量适中，抑扬顿挫，字正腔圆，语气平和，循循善诱，发音标准是对英语教师最起码的要求。

课堂教学中仅使用听觉模态是不够的，还要视觉模态的帮助和强化。面部表情是最丰富、最具表现力的人体语言，能够真实、准确地反映一个人的情感、情绪。它是创造和谐的课堂气氛和师生交流情感的纽带，常常起着"无声胜有声"的作用。教师适当使用微笑、眼神交流可增进师生情感，活跃课堂气氛，增强学生的自信心。身势语与会话合作原则之间存在密切的联系，教师身势语在课堂讲解过程中的使用可以起到加强、肯定、补充、重复、调整或代替语言的辅助作用。当教师的讲解不能清晰地传递意义的时候，教师可借助身势语的优势，通过一个手势补充意义，拉近与学生的距离。教师应该着正装，因为教师着装过于不正式或色彩过于绚烂会分散学生注意力。

②学生。学生是课堂教学的主体，是主动探寻未知世界和知识建构的践行者，是多模态教学课堂的主要组成部分。以学生为本，在课堂教学中，学生应主动参与学习和实践过程。在多模态课堂教学中，学生应积极调动自身的各种感官，接收来自环境的视觉、听觉等多重模态的信息，完成知识体系的建构，并将学习的结果反馈给教师。学生语音及口语能力的提高是不断听练、模仿、改善、强化的过程。大声读书对学生纠正错误发音有极大帮助，只有不断地模仿练习，才能说出地道的英语。这种学生进行练习而发出的口语语言符号属于英语课堂中的听觉模态符号。再如，教师提问后，学生对教师问题的简单回答或附和反映了学生是否愿意参与到课堂学习中来，这也是听觉模态符号的一个表现。多模态课堂教学中教师对教学内容、教学方法、教学进度的把握源于学生的行为反馈。学生跟教师的眼神交流是相互的并且能够传递意义。学生的眼神里充满崇拜或希望，教师从中得到的意义是本堂课的教授是成功的，学生很喜欢。而当在课堂里出现很多学生伸懒腰、无精打采、昏昏欲睡的情况时，教师的积极性和自信心会受到打击，这时教师更要反省教学方法、改变教学方式、调动学生的积极性。

从中可以看到，部分话语的意义是由非语言因素体现的。这种非语言因素不仅要求教师在面部表情、身势形态、语调语气上加以注意，对于学生而言，为了构建和谐课堂，也要配合教师，对教学内容做出反馈，参与课堂活动，而不仅限于课堂的旁观者，从而促使教师改进教学方法，提高学习效率。

③教学内容。教学内容是指为了实现教学目标，要求学习者系统学习的知识、技能和行为规范的总和。多模态教学体系中，教学内容的传

播需要借用多种符号模态，通常以视觉模态和听觉模态为主。

视觉模态符号包含书面语言和与教学相关的实物、图片或者视频等。

书面语言既包括粉笔字，也包括 PPT 等以多媒体方式呈现出来的语言符号。教师进行板书时，要注意粉笔字的大小、粗细、格局等。而作为现代教育技术产物的 PPT 课件对学习内容的呈现至关重要，教师在制作 PPT 课件时，要考虑其亮度、色彩、背景、字体、特效等，发挥其最大的辅助作用。

实物展示是情景教学的组成部分，有利于学生对单词及课堂内容的记忆或联想；图片是对文字有效的说明，形象生动，令人印象深刻；视频的播放能够活跃班级气氛，加深内容理解和课堂印象。当然，板书凌乱，PPT 课件不够简洁，过度地使用图片或图片过于花哨、颜色过暗，视频模糊或频繁播放视频，都会对教学效果产生负面影响，适得其反。

听觉模态符号包含教师的口语表达、学生的发言及音频材料。教师的口语表达流畅，发音清晰地道能够激励学生对英语的学习，使学生了解相关文化背景；同学的发言亦会激发学生学习的主动性，养成交流讨论、交换思想情感、爱思考的习惯。音频材料在听力课上使用较多，学生反复听，反复练，进而模仿，可以有效地提高听说水平。音频材料的选择要难易度适中，符合学生学习阶段。

④教学媒体。在教学过程中传输信息的手段，称为教学媒体。现代多媒体技术的发展为多模态话语分析提供了新的平台和便利条件。多模态课堂教学理念提倡多种模态互动，当前英语教学中使用的多媒体教学平台、网络互动平台和语音教学平台有利于多模态全方位地辅助英语课堂教学，帮助学生置身于真实的学习情境中，增强学习的趣味性，激发学生的学习兴趣，提高其学习效率。

教学过程是指教师在已有硬件资源的基础上，结合学生的特点，对软件资源进行科学合理的开发和利用，帮助学习者发展的过程。在整个外语课堂话语中，各种模态共同发挥作用，特别是老师和学生交流的口语模态和 PPT 所表现的文字、图像和录像模态。下面简略探讨它们之间如何协同来实现课堂教学话语的意义。

（2）大学英语多模态课堂的教学过程

张淑杰根据功能对教学过程进行分段分析，建立了可供教师参考的基于模态的英语教学语类结构[①]。其中包括必选因素及可选因素，七个阶段为必选因素，六个阶段为可选因素，其中两个因素可以根据教学内容设计适当的顺序。基于多模态的英语教学语类结构可以总结如下：开始"教学目标"（学习要求）——过渡阶段 / 复习阶段——导入"文化背景"——课文内容"语言讲解"——语言相关的活动（情境相关的活动）——学生自学——主题类总结——语言类总结——作业（作业相关的活动）——评价。此外，他还对修改版的布鲁姆教学目标分类法进行分析，总结教师在每一个分目标下的最佳角色。

（3）大学英语多模态课堂中的角色建模

角色建模是指从社会协作角度分析一个角色模型内的角色交互，定义承担这些角色的实体应具备的任务和能力，目的是建立完整的角色描述。建模侧重于一个对象在系统中的位置和责任以及与其他角色的行为交互。角色建模语言里的两个最基本角色是人角色和非人角色。课堂环境下的人角色指的是教师、学生；非人角色指的是多媒体（视频、音频、课本、黑板等）。教师角色是行为发起者，学生、视频、音频、课本、黑板等角色是行为引发者。教师角色策划、设计、组织实验、反思教学活动、传达教学理念，学生和上述非人角色对教师行为做出回应，形成互动。课堂教学各角色间的互动关系可用图 2-2 表示。

---

① 张淑杰，张德禄 . 系统功能语言学：发展及应用——张德禄教授访谈录 [J]. 山东外语教学，2015，36（04）：3-8.

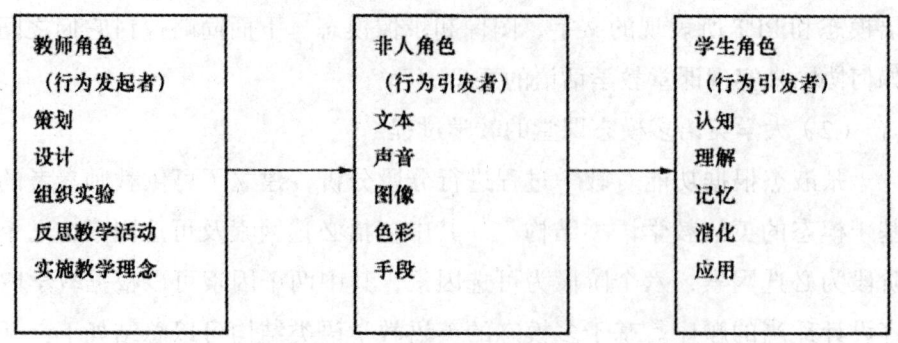

图 2-2　课堂教学各角色间的互动关系

（4）高校英语多模态课堂教学的环境

高校英语教学对象群体数目庞大，专业迥异，学生各具特色。传统的单模态教学局限于语言描述，游离于真实的语境之外。随着现代教育技术的发展和其在各高校的广泛应用，大学英语的教学多模态性愈来愈明显。通过对图片、视频、音频材料的恰当选择与运用，努力创建目标语真实语境，会让学生能够接受视觉、听觉、触觉、语感以及思维方式等多元熏陶，从而最大限度地满足人才培养和社会发展的需要。

高校英语课堂多模态环境由媒体、模式构建而成。媒体，即交流工具，包括语言媒体、非语言媒体，前者以语言为信息载体，后者的信息载体是非语言的物质媒介。语言媒体包括语音、文字和副语言；非语言媒体包括肢体动作和非肢体媒体。模式指的是话语模式，即交流渠道，如口头、书面、电子、身体动作，等等。任何一种话语模式都是通过某一种媒体表现或者通过几种媒体协同表现的，采用不同媒体可以产生不同的交流模式，模式的使用和变化在一定程度上影响信息的流动和话语特征。学生作为信息受体，在课堂上主要使用了听觉、视觉和触觉三种模态；同时，在课堂上学生也是信息的传递者，常常使用多种媒体手段，通过口头、书面、电子和身体动作等交流渠道，进行信息反馈和互动。

（5）多模态在高校英语课堂中的协同建构

既然教学话语不再处于"语言独尊"的局面，那么，课堂教学就是由多种模态来共同完成的，包括空间、手势、凝视、身势、移动、声音、腔调、音乐、三维事物、口语、书面语、图形、表格、图画、动画等。这些不同的模态各自都是一个符号系统，在合适的语境中表达意义，实现交际目的。但它们在绝大多数情况下都不是单独用以实现交际目的的，而是和其他模态共同配合以完成交际目的。从模态的角度讲，课堂教学涉及多种模态的配合，第一是口头模态，表现为教师和学生的口头对话和交流；第二是以 PPT 为载体的模态组合，包括图像、文字、录像和声音等；第三是教师和学生在教室内的活动；第四是教师和学生的手势和身势动作；第五是教师的面部表情；第六是教室的空间布局以及周围的相关事物。

高校英语课堂教学的目标是教师在规定的课时内完成规定的教学目标和教学任务。教师既有责任教会学生，又有权利管理学生。

高校英语课堂教学中模态的协同用文字表述如下。

①课堂布局为视觉模态。它确定了教学环境，也确定了老师和学生的权位关系和角色：讲台、黑板、PPT、老师是学生的视觉对象，讲桌和讲台树立起老师的权威和职责，老师在讲台上俯瞰学生，PPT 和黑板是老师建立这种权威的主要工具。

②教学的主模态是听觉模态。因为教学的进程都是由口头交际的进程决定的，所以尽管由视觉模态实现的课堂布局确定了老师的地位和角色，但它提供的只是背景信息和条件，对听觉模态起到了辅助和强化作用。

③从听觉模态的角度讲，老师的话语占据主导地位，占到整个话语量的 60%～80%，而且老师的话语对学生来说是主要的接受对象，这对老师话语的质量提出了很高的要求：意义要求准确深刻，语法要求正确，词汇要求精确，发音要求准确，速度要求适中。这就是高校英语课堂教学质量的评价通常对老师的口头语言要求很高的原因。同时，老师发声的响亮度、高调的高低、语调、节奏、重读的正确度都对教学效果产生

很大影响。所以，在听觉各模态内部，各种模态相互协同和配合，对口头话语模态起到优化、补充和强化的作用。

④老师本人也通过视觉模态来补充和强化自己的话语，包括用手势来表示节奏、模拟所讲的事物和概念、用表情的变化来强调所讲内容的重要程度。同时，老师也要通过人际意义来提高教学效率，如表情亲切，着装比较标准、正式、正规，腰板挺直和一定的移动等。

⑤教学不同于一般的日常交际，后者通常局限于交流难度不大的信息，通常不需要记忆。而教学所交流的信息总是有难度的，不仅是信息的传递，更重要的是学生能力的培养，并教会学生获得相关的语言能力。这就要求对教学内容进行多次和多方面的强化，所以老师要利用一定的工具，如黑板和 PPT 这些工具媒体都可以既对教学内容进行强化（如用黑板把关键知识和词重现，用 PPT 提供知识的纲要等），又对其进行补充（如用 PPT 提供背景信息、具体细节，用画面提供真实场景，用动画提供真实过程等）。从这个角度讲，在利用工具方面，第二个教学案例比第一个好得多。

⑥话语交际是双边的，特别是学生能力的培养更要求学生通过开口说话来提高讲外语的能力。

（6）多模态在大学英语课堂中协同作用的案例分析

下面选取一则实例以对多模态在外语教学中的协同关系做更进一步的了解，第一，考察相关的教学语境，包括教学目标和设计等；第二，探讨话语的体裁结构；第三，探讨话语不同的模态在实现话语意义中的作用；第四，探讨模态所实现的意义是如何由语法结构体现的；第五，探讨不同模态在实现话语意义中的协同作用。

①语境描述。本案以一堂约 28 分钟的大学英语课堂为例，教学的主题是"智能车"（Smart Cars），但教学的主要目的不是讲解智能车是什么及智能车是如何工作的，而是提供一个可讨论的题目来学习这个领域的英语，训练学生的语言能力，特别是听说能力。交际者是老师和学生，

整个教学过程由老师控制，老师是教学的组织者、知识的提供者、学生能力提高的使能者；学生是学习者、被控制者、被促使提高能力者。交际的方式是面对面口头交际，包括手势、动作、口气和腔调等，PPT 提供教学重点及图像、录像、声音等。

②体裁结构。这堂课包括 11 个阶段，分别如下。a. 上课仪式：教师学生相互问候。b. 布置教学任务：提出本课的主要教学内容。c. 引入阶段：首先讲中国汽车产业的发展，然后和学生讨论是否需要学开车。d. 点出主题：通过播放录像展示各种类型的车。e. 发展主题：老师首先向学生展示普通车、概念车和智能车等不同类型的车，然后比较它们，让学生讨论什么是智能车。f. 课文讲解：老师打乱课文的顺序，先从第三段或第七段开始，给学生布置任务，要他们找出智能车的特点，然后学生与老师共同讨论智能车的特点。g. 回讲课文导入部分：老师先要求学生讲是否愿意开智能车，然后讲解引言部分，引出课文的主题。h. 讲解课文的第二个重要内容：智能高速公路，并总结本书的结构，用问答形式讨论智能高速公路。i. 录像播放：通过播放视频片段"汽车的将来"（The Future of the Car）培养学生的技术识读能力，随后通过提问检查学生的记忆情况。j. 总结重点：课文知识的简单提示。k. 结束：布置作业，结束课文。

③语法与语篇。以上是根据语篇的体裁结构切分出语法单位的，就像语言语篇切分到句子所体现的语篇单位便不再切分一样，录像语篇切分到事件就没有必要再切分了，下面的具体区别是在语法层面上。事件由一个内部有一定一致性的图段体现，每个图段表达一个过程，过程中有矢量、参与者（汽车、人、空气等）和情景成分，每个这样的单位又可包括一到多个图素。

由此可见，如同语言模态，任何其他模态最终都要由形式体现，而形式具有功能，可直接体现意义，由物质媒介来体现。通过语法来研究多模态，能够把语篇分析建立在坚固的基础上；既有物质体现，又表现出很强的复现性和功能性。

④课堂话语中的模态配合。以上对一段录像片段的体裁结构及其与语法的关系进行了分析，但它只是整个教学过程的一个阶段，是 PPT 所表现的一段多模态话语。在整个课堂话语中，各种模态都起作用，特别是老师和学生交流的口语模态和 PPT 所表现的文字、图像和录像模态。下面简略探讨它们之间如何协同，来实现课堂教学话语的意义。

如上所述，这堂英语课虽具有演示性，但整个课的目的是借用传送和讨论知识来训练交际能力，特别是口语交际能力的。虽然口语是课堂教学的主模态，但它自己不能有效完成教学任务，需要借助其他模态，特别是 PPT 所承载的模态来完成。这样，PPT 和口语之间就形成了一种协同关系。整个课堂教学话语的每个阶段都选择各自所需的，有时是与其他阶段不同的模态。下面分别从这 11 个阶段来探讨它们是如何协同完成教学任务的。

上课仪式：主要模态为口语。通过寒暄语可完成这个阶段的任务，没有必要借用其他模态。

布置教学任务：主要模态为口语、图像、文字。后两种都通过 PPT 呈现，具有明显的强化记忆作用，同时图像也提供了智能车的具体信息。

引入阶段：主要模态为口语、文字。文字主要是辅助提供背景信息，以提问者的身份提出纲要性的重点信息，用对话来调动学生的学习兴趣和听说欲望。所以，实际上这个阶段包括三个次阶段，分别为提供背景信息，由口语和文字共同完成；提问，由口语和文字共同完成；讨论，由口头对话完成。

点出主题：主要模态为录像、文字。通过播放录像，展示各种类型的车，使学生熟悉各种类型的车，并认识相关术语。

发展主题：主要模态为文字、口语、图像。可以分为三个次阶段，分别为提出两种车型、给概念车定义、讨论智能车。通过比较不同类型的车，指出什么是智能车。老师首先提出概念车和智能车，然后给概念车下定义，最后让学生讨论什么是智能车的特点，目的是一方面使学生认识不同类型的车，另一方面通过讨论提高听说能力。

课文讲解：主要模态为口语、文字、图像。老师打乱课文的顺序，先从主要部分第三段到第七段开始，讨论智能车的特点，然后给学生布置任务，找出智能车的特征，最后学生与老师讨论智能车的特征和工作原理。

结构分析：主要模态为口语、文字。老师先要求学生讨论是否愿意开智能车，然后讲解引言部分和课文结构，重点为三个重要成分：高科技促进汽车业发展；智能车的特点和原理；智能高速公路的建设。

录像播放：主要模态为录像、声音、配音、音乐、口语。通过播放视频片段"汽车的将来"来培养学生技术识读能力，随后通过提问检查学生的记忆。

总结重点：主要模态为口语、文字。课文知识的简单提示及课后作业的布置。

结束：主要模态为口语。布置作业，结束课文。

（二）多模态话语在外语"课外"教学中的协同关系

网络中大量的聊天室、论坛的嘉宾在线访谈，为学生实践教学内容提供了鲜活的练兵场所，在这些自由的环境里，每个同学可以很好地进行课外学习，弥补课堂中的一些不足之处。

（1）教师基于网站可随时设置不同学科的课程站点及导入学生站点，云上的各协作站点以 http：//sites，google，com/site 为前缀来统一标识，还可以轻松完成授权学生用户、布置作业的任务，以导学方式吸引学生展开学习资源的分享与协作学习项目的创建过程。

（2）教师可以利用邮件、聊天、组群、网上论坛等组件，以及在线方式，即时完成师生的协作教学、学生间的学习协作和作业提交与评判，还可以基于网站建立 QQ 群、微信群，实现教学交互、即时通信与讨论。有时候，学生的课堂讨论并不会显得很激烈，这里有思考总结直至形成观点的周期原因，当然也有学生性格与碍于情面不好直接评价其他同学作业的原因。另外，课堂时间的有限也是讨论无法深度进行的重要原因。这个矛盾可以通过课后在教师的社交组群上进行讨论来化解。教师把同学的稿件匿名传到自己的社交组群，同学们可以对这些匿名的稿件进行匿名的评议，甚至提出自己的修改意见，进而展开激烈的讨论，从而提高课堂话题的关注度与理解度。通过这种课内外结合的方式，增强学生的学习兴趣，增强教师授课的效果。先进的教学手段毕竟是与先进的教育理念相适应、为先进的教育理念服务的。如果仍然承袭落后的教学思想，沿用旧的教学方法，即使替换了媒体手段，也只能是从"人灌知识"到"机灌知识"，难以摆脱低层次的徘徊。但是，采用多媒体的方式实践教学，又是有效地促进教育理念更新的重要途径。

（3）网页的搜索引擎提供了网站页面流量统计与分析的功能，可以帮助教师快速直观地获取学生参加协作学习的各自访问量，以及对网站不同栏目的兴趣程度，有助于教师完成对协作学习设计的评价。

（4）在"云计算"技术的支撑下，不同课程教学资源的搜索、存储、师生站点的管理与维护、学生站点的导入等完全利用了云上的资源，它们来自云上非宿主的、无缝的、公共的海量数据中心，其更新的速度与时俱进，确保了教师的协作教学设计不会因教学内容的变化而导致存废。

四、多模态在大学英语课堂中的协同原则

多模态课堂给英语教学注入了新的血液，使课堂教学模式多元化，活跃了课堂气氛，但多模态的协同使用不是不加选择的，也不是使用得越多教学效果就越好。多模态学习像一把双刃剑，处理好了可以把学习者的注意力集中在知识点上，强化记忆力，提高学习效果；处理不好会分散学习者的注意力，产生对知识点记忆的干扰。因此，教师应根据教授的课程内容，选用恰当的模态和媒体。模态的内容选择要以增加正效应为原则，同时处理好多模态之间的协同关系。

（一）多模态话语的有效性原则

多模态内容的选择要正确处理好整体和部分的关系、强化关系以及前景后景的关系。教师可以通过选择某种合适的媒体来提供具体信息，通过声音图画等模态，强化重点知识内容；而通过多种模态媒体的交替使用来共同完成教学任务。在外语教学中，语言交际处在前景中，而其他模态提供背景。在教学中，用现代技术提供的美丽的图片、幽默的简笔画、与主题相关的音乐、生动的环境介绍，可以使学生积极参与、集中注意力。例如，采用英文电影辅助教学时，在观影之前教师简要介绍影片的历史文化背景、主要内容和人物关系，激活学生脑中的图式知识，帮助其更好地接受新知识。另外，要认识到多媒体是为教师和学生服务的工具，不能替代教师在课堂上的讲解及与学生的互动，教师的言语、姿势和多媒体所呈现的多模态应该得到充分整合。总之，各种模态形式的使用都要服务于教学内容，这是对教学内容的强化和促进。

（二）多模态话语的交互性原则

和谐的多媒体高校英语课堂，涉及的是教师、学生和多媒体之间的关系。目前，大多数英语课堂中的多媒体教学主要是教师应用，如 PPT 做成的软件代替传统的黑板，即把数字化文本放在计算机上让学生学习。文本配备了相关的图片、声音、视频等，提高了学生学习英语的兴趣，但同时也给教师带来了新的挑战。学生过多地将注意力集中在资料丰富的课件中，可能会减少师生的互动。多模态课堂的实现是以双方或多方的互动为前提的。多模态课堂与现实语境中的情景一样具备即时、能动参与的可能性。学生应该介入交互话题，参与形成交际结果，以获得各自不同的交际体验与学习成效。在多模态课件设计过程中，要充分考虑到师生互动，每个问题和知识的呈现要给学生充分的思考时间。同时，可以通过让学生做多模态课件、对学生作品录音录像等形式，让学生充分参与体验多模态课堂，从而实现教师、学生和多媒体的互动，发挥多模态话语的最大优势。

（三）多模态话语的适配性原则

在选择不同的模态时，要考虑不同模态之间的相互配合，以获得最佳搭配为标准。例如，几个独立的模态都可以单独产生正效应，但组合在一起则可能效果不佳，甚至相互排斥，从而降低总体效应。例如，口头讲解和角色扮演都是有效的方法，如果在角色扮演的过程中教师非要做讲解，必然会影响角色扮演对能力的培养作用，产生不了应有的效果。适配性原则还体现在教师作为专业课程开发的主体，要以研究者的身份进入课堂教学，发现问题，采集数据，运用教学实践经验进行多层次、多角度的分析，使自身的实践和教学内容形成理论上的理解和建构。外语教师还必须了解不同学科、不同场合、不同目的所使用的不同语言文化形态，从而采取不同的方式指导和帮助学生。通过言语、视觉、听觉各个模态间的连贯适配，达到教师、学生和多媒体之间的和谐。

五、教学启示

以上关于多模态在高校英语教学中的协同关系的讨论可以为外语教学提供以下启示。

（1）教师的口头话语质量要高。教师站在讲台面对学生，占据学术权威的位置，把学生的注意力吸引到那里，讲的话和提供的信息是学生必须学的内容，所以信息传递通道必须畅通。这就要求老师本人提高自己的外语口头表达能力，在发音、语调、音量、速度、连读、重音、口气、口音等方面都要尽量准确、精确、贴切、合适。

（2）教师要学会利用不同模态的协同、强化和互补关系来提高教学效果，如在以口语为主模态的教学过程中有效地利用移动、手势、动作、黑板、PPT、各种相关设备、实物等来增强教学效果，同时要确定学生对于模态的感知倾向。通过分析学生的感官学习风格，以确定与视觉、听觉及触觉相联系的各种媒体在课堂设计中的搭配比例，最终呈现预期的以学生为中心的教学效果，发展学生的意义潜势。

（3）教师要学会利用环境，包括已有的环境和创造的环境来提高教学效率，如着装、站姿、身形、动作、空间、音乐、图画等。

（4）教师要学会用人际意义来提高学生概念意义的获取的能力，提高互动频率，如教师的表情一般应该亲切、微笑，语言要幽默、诙谐。要尽量缩短教师和学生之间的距离，创造轻松的氛围，在讲台和学生之间移动，把学生的注意力吸引到主要的学习任务上来。

（5）教师要学会利用工具，特别是现代教学媒体，如PPT、同声传译室、录像、电影等模拟真实语境，增强教学效果。

（6）教师要学会转换角色，为学生提供实践的机会，使他们成为听觉和视觉模态的发出者，而不总是接受者，如演讲、汇报、辩论、表演等。

第二节　多模态话语的认知过程分析

一、多模态话语的认知过程

对信息的认知和识读是多模态的，对于不同类型信息应调用不同模态进行认知。例如，对于语篇信息，可通过视觉、听觉、触觉模态进行全面的听、说、读、写、译的认知；对于非语篇信息，主要通过视、听、展、演等视觉、听觉、触觉模态来认知，并可以通过说和写等触觉模态将其转换为语篇信息。

二、多模态话语在教学过程中的认知分析

(一)多模态教学的概念

信息时代的外语学习是一种多模态信息的传播过程。多模态教学指在多媒体环境下，教师将语言、图像、声音、动作等意义构建手段协同成为最有效的意义表达方式，并指导学生利用多模态手段构建意义，进行交际，从而共同实现教学目标。教师不再仅仅传授语言知识，也不是PPT的被动播放者，而是多模态的选择者、协同者、示范者，对学生要明确指导、多模态示范并设计情境任务。在外语学习过程中，学习者面对的是由各种模态组成的超文本语篇，在构建和解读超文本语篇的过程中各模态之间应呈现一种和谐互动、优势互补、相互协调、相互促进的动态关联关系。

(二)多模态话语在国内外教学中的应用

21 世纪以来，国外学者把多模态化研究的触角探及教育领域。多模态话语在教学中的应用也成了西方近年来研究的热点。克雷斯和范·勒文作为多模态话语研究领域的大家，研究了模态与媒体的关系，探讨了多种模态有规则地表达意义的现象，而且提出了多模态环境下多元读写能力的培养设计方案和应用原则。此外，新伦敦小组开辟了多模态应用于语言教学的先河。他们认为，培养学生的多模态识读能力（Multiliteracy）和多模态意义是语言教学的主要任务。此后，有关多模态与语言教学的研究成果不断增多，吉雄（Guichon）和麦克洛曼（Mclornan）研究了多模态对二语学习者的影响，提出了计算机辅助教学的课程设计原则和方法。

我国语言学专家胡壮麟和朱永生分别从符号学和话语分析角度对多模态话语进行了深入的论述，并探讨了多模态对我国教学改革的启示。

顾曰国区分了多媒体学习和多模态学习两个概念，并根据认知心理学针对多媒体、多模态学习提出了五个假设，并提出用角色建模语言构建学习行为模型，从而最终实现知识的建构和学生主体地位的确立。除此之外，关注多模态化这一社会符号学的最新研究课题有很多，如在多模态话语交际框架下讨论现代多媒体技术在外语教学中的作用，元认知策略与多模化在大学听力课中的应用等。

正如张德禄所指出的，国内多模态话语的研究还处在起始阶段，应对多模态话语进行外语教学和对中国学生学习外语的影响进行深入的探讨，这样不仅能为我国外语教学提供理论和实践支撑，推动外语教学改革进程，而且可丰富多模态话语分析的理论，进而推动社会符号学的研究。

（三）多模态话语信息认知教学模式

认知心理学强调大脑在学习过程中所起的作用，关注外部行为背后的意义构建。认知心理学理论认为，学习是一种构建意义的行为，是学习者建构知识和理解的过程，而学习者掌握知识是通过与其他人的交互作用实现的。需要强调的是这里所说的"构建意义"不是学习者凭空造出一个前所未有的意义出来，而是指学习者在与外部环境互动时，构建自己所理解的意义。学习行为分为三个过程。①与外部环境互动，获取信息。信息获取方式包括视觉、听觉、触摸、嗅觉、味觉、空感和身体效仿。②大脑处理与外部环境互动获取的信息，构建意义。构建意义时，大脑通过视、听、触、嗅和味五个模态（感官）处理与外部互动所获得的信息。每个模态有各自的子模态。模态的感受器有的是外感受器，负责处理与外部互动所接受的信息，有的是内感受器，负责接收和处理来自身体内部的信息。③总结学习效果的外部行为表现，获取实践能力。实践能力包括听、说、读、写、译、体态等能力。国外一些认知学习理论，诸如双重编码理论、生成学习理论、认知负荷理论、多媒体学习理论和协同互动理论，不仅使人们更加深刻地理解学习过程，而且为语言学习过程（输入和输出）中各种模态的选择提供了有力的理论支撑。

多模态话语信息认知教学模式是一个由多模态、信息和认知构成的三位一体的教与学交互教学模式，是一个在认知学习理论的指导下，多模态语篇的设计者和学习者动态关联、和谐互动的过程。在信息时代，外语课堂的模态主要有教师、黑板（白板）、电脑、幕布、扬声器、灯光等。学习者就是与这些模态组成的超文本语篇进行耦合互动，构建意义，从而达到学习目的。在这一过程中，教师是超文本语篇的主要设计者和呈现者。具体而言，该教学模式以多媒体课堂为教学环境，多模态为教学手段，以信息为教学内容，以认知能力发展为教学目标。换言之，多模态是教与学的方法，信息（主要指语篇信息和非语篇信息）是教与学的主要内容，也是该教学模式的核心，而学生的认知能力发展是教与学的目标。

在该教学模式中，信息是学习的内容，是核心，位于上层；认知是对信息的处理和加工，位于信息的下层。这意味着有信息就需要进行认知处理，因此认知能力的发展是目标。而信息的处理和认知手段是多模态的。需要特别说明的是，该教学模式中的师生角色可以交互，学生在许多教学环节中可以充当教师的角色。根据该模式，教师应多模态地教，学生须多模态地学，师生合作进行多模态评估，这是该教学模式最为重要的教学理念。学习者的认知能力发展是该教学模式欲实现的目标，即引导学生学习信息分类和进行多模态处理，提高学生的多元化认知能力和对信息的敏感度。

该教学模式要求教师转变教学理念，从教材权威型（按照教材提供的知识组织教学）、知识获取型（把教学看作知识学习的过程，设法帮助学生理解所学的知识）转向技能训练型（把教学看作帮助学生掌握技能的程序）、经历体验型（把教学看作一种经历，让学生参与实践）和资源发展型（把教学看作一种手段，帮学生发展表意资源）。

（四）教学活动中符合对象认知规律的教学原则

1. 明确指导

外语教师要引导学生注意到各符号系统的意义潜势，进行多模态识读。比如，读写练习中，除了文字，排版、颜色、图文搭配和布局在意义构建中都有重要作用；副语言的语调、语气、语速、音高等在传递意义、保持学生注意力和表达特殊含义或情感等方面有重要作用；图像可以用来表达概念意义或人际意义；等等。

2. 多模态示范

多模态教学中教师要利用多模态对意义进行构建和补充。一方面，教师可以向学生展现自己的多元识读能力和多模态交际能力；另一方面，教师可以用多种模态进行师生交际，调动学生的多种感官，加强认知联系，并吸引他们的注意力，调动他们的积极性。

教师首先要选择合适的模态构建意义，使之更容易被学生理解和记忆。另外，更重要的是教师对多模态的协同。协调的多模态在意义构建中相互补充，有利于优化教学效果；不协调的多模态对意义建构有消极甚至抵消作用。例如，在多媒体课堂中教师的言语与屏幕图像，两者若内容同步，则可以共同构建意义，有利于学生同时调动视觉与听觉进行意义解读，加强理解和记忆；两者若内容不同步，则会互相干扰，分散学生的注意力。

3. 设计情景任务

教师应设计情景任务，给学生运用多模态符号完成任务的机会，从而切实提高多模态交际能力。任务形式可以是多样的，可以在课堂上以课堂报告、演讲或表演等形式呈现，也可以在课后以网络平台为基础进行视频理解、师生互动或学生间协作等。

4. 多模态环境下的多元互动

课堂互动是传统英语教学的一个难题。在多媒体环境下，丰富的信息资源与网络技术的结合，使课堂更加生动、有趣，互动不再是难题。多元互动是多模态教学模式的重要特点和方法。按照互动双方的关系，互动可以分为主体间互动和主客间互动；前者又包括师生互动、生生互动，后者主要指学生与多媒体互动。各个互动过程都高度体现学生的主体性。

（1）主体间互动。主体间互动包括师生互动和生生互动。在课堂学习中，教师通过多模态的选择与展示和学生互动。在言语交际时，教师的语调、语气、面部表情、肢体动作等也都传递着重要信息，可能是对学生的鼓励、赞扬、警告或批评。图片或视频等手段的运用可以使课堂变得轻松、有趣，从而使学生更活跃。教师的课件中可以设计一些交流互动式的问题，从而激发学生之间的讨论，实现生生互动。

在学习和意义表达过程中，学生学习利用多模态符号构建意义，并在课堂上呈现和交流，实现与教师和同学的互动。另外，网络平台中一对一或一对多的师生交流、学生间互动和协作可以激发学生的交际欲望，为学生锻炼多模态交际能力创造机会。

（2）主客间互动。主客间互动主要指学生与多媒体的互动，多媒体包括文本、图像、音乐、视频等。在主客间互动过程中，学生要注意到各符号系统在当前话语意义构建中的作用，并充分调动手、眼、耳、脑等，获取信息、解读意义。学生与文本的互动要求他们仔细观察并解读文字、字体、排版、图文布局等传递的意义，从而提高多元识读能力；学生与视频的互动可以使他们沉浸在另一种虚拟的环境中，体验不同文化、不同场合的交际情景，从而增强多模态交际能力。

主客间互动很重要的一个方面是基于网络的人机互动。网络给学生提供了丰富的多媒体、多模态学习资源，学生可以自己操控机器，掌控学习进度，按照自己的兴趣、爱好、学习需求等进行自主学习。

（五）多模态话语在教学认知中的意义

随着现代技术和多媒体的发展，异军突起的视觉文化和视觉交际手段影响着教育的改革和创新，语言跟技术已变得密不可分，外语教学越来越多模态化，多模态语篇已成为现代课堂教学和教科书的显著特点之一。外语教学的传统目标在多模态教学模式下被拓展为培养学生的多元识读能力和多模态交际能力。师生交际诉诸多种感官，利用多种符号系统（文本、言语、图像、音频、表情及动作等）进行意义构建和解读。课堂是多模态话语相互交织的符号空间，而语言不再是所有意义的载体。

教育部高教司于 2007 年印发了《大学英语课程教学要求》，在教学模式一栏中提出了"各高等学校应充分利用现代信息技术，采用基于计算机和课堂的英语教学模式，改进以教师讲授为主的单一教学模式。新的教学模式应以现代信息技术，特别是网络技术为支撑，使英语的教与学可以在一定程度上不受时间和地点的限制，朝着个性化和自主学习的方向发展。新的教学模式应体现英语教学的实用性、知识性和趣味性相结合的原则，有利于调动教师和学生两个方面的积极性，尤其要体现学生在教学过程中的主体地位和教师在教学过程中的主导作用。在充分利用现代信息技术的同时，要合理继承传统教学模式中的优秀部分，发挥传统课堂教学的优势"。多模态教学对各种意义资源充分、合理地利用，可以最大限度地发挥多媒体和网络环境的优势。

由此，教师有责任让识读教学更加符合时代的要求，在课堂教学中用不同的符号形式与学生交流，培养学生的多元识读能力。多模态教学模式正符合这一要求。基于多模态话语分析理论，架构英语课堂的多模态教学模式以培养学生的多元识读能力和多模态交际能力为主要目标。英语教师通过明确指导、多模态示范和设计情景任务，引导学生多元识读和多模态交际，学生发挥主体性和自主性实现多元互动，提高英语综合应用能力。教师在课堂上利用多模体技术以及信息网络技术，结合文字、图像、声音以及姿势等多种符号，使用视觉模态及听觉模态，充分调动学生的学习积极性，例如上课充分应用 PPT 课件、音频、视频、图片资料，利用校园局域网和网络教学平台等与学生互动。多模态教学模式是一种新型的教学模式，它打破了传统教学模式以教师讲授为主的单一线性模式，主张利用多种教学手段调动学生的多种感官，是一种全面的立体化的教学方法。因此，多模态教学模式符合教学的要求，是超文本思想的集中体现。

随着科学技术的不断进步和创新，先进的科学手段和信息技术已经应用到社会多个领域，教育领域也不例外。为了更好地开展高校素质教育，现在绝大多数高校已建立了多媒体教室、语音教室等教学场所，大部分普通教室也配备了计算机、投影仪等多媒体教学设备；不少高校还建立了校园局域网以及数据库，有的甚至开通了网络在线学习平台，这些都为多模态教学提供了充足的物质基础和有力的技术支持。

在英语教学中，利用多模态教学模式进行教学具有积极的意义。多模态话语分析理论和多模态教学法等最新理论和研究成果，立足于课堂教学，构建了"多模态信息认知"的教学方式。该教学方式的特色是教师多模态地教学、学生多模态地学习、师生多模态地综合评估教与学。

多模态教学指教师（在某些教学环节中也可指学生）在多媒体环境下，充分调用多模态获取、传递和接收信息。教师可采用视频、电影剪辑、录音、图画、图表、实物等传递信息，充分展开教学活动。每次课程准备均注意多模态的有效融合。教师根据课程具体内容清晰地搭配使用各种模态，准确掌握语篇信息与非语篇信息的合理比例和关系。多模态学习指学生（也可指教师）运用多模态观察、分析、表述各类信息的认知能力。教师引导学生多模态地获取、加工各类语篇信息并在课堂上呈现和交流，引导学生敏锐捕捉课堂上教师和同学所提供的各类与语篇信息相关的非语篇信息，将非语篇信息转换为语篇信息，实现课堂高度互动。多模态综合评估指教师和学生共同采用多模态评价模式对教师、学生进行互评和自评，每节课后收集整理评价结果，作为动态评价师生表现的重要根据。加大对教师和学生运用、辨识、处理多模态信息的能力的评价比例。每学期各项动态测评成绩按一定比例计入学生总评成绩。

传统意义的大学英语课堂是教师的一言堂，教学工具是课本、粉笔和黑板。单模态教学的弊端要求以主模态作为意义构建的基础，联合其他各种模态产生正效应，充分利用其他模态符号对主模态进行最大化的意义构建，使大学英语课堂教学最优化。这一教学方式的目标是实现教学过程的最优化，更好地完成教学目标，使现代化教学手段真正地为外语教学服务。

三、多模态的运用

语言研究者不仅要探究每个模态形式对意义的生成所产生的作用，而且要探究该话语模式所涉及的各种模态之间的相互作用。必须意识到，多模态手段应用于教学过程为课堂教学模式构建了前所未有的多元化教学体系，但运用的模态数量与所取得的教学效果并非成正比例关系。课程内容和课程学时的不同会伴有不同的教学目标，因此需要运用不同的教学方式以及选择不同的模态形式。即便是相同的课程，也要注意到不同的教学阶段要体现不同的教学任务，针对学生不同的学习水平，实时地调整教学方法和教学手段，采用不同的模态形式。运用多模态教学需要把握"度"，若每一个模态之间的关系处理不当，不但不会产生良好的教学效果，反而会分散学生的注意力，干扰学习者强化和记忆语言知识点。

因此，教师在外语教学的过程中需要考虑以下因素。首先，应考虑所讲授的课程内容、课程难度和课程进程。其次，应考虑自身的性格特点、特长爱好与学生的知识层面和技能结构，以及两者的关联问题。最后，应考虑学校的硬件环境和教学设施等因素。例如，以获得知识为目标的教学，应主要利用讲解、阐述等方法；以实践能力训练为目的的教学，应侧重技能训练等。

张德禄认为，模态选择的总体思路是充分运用现代科学技术等多媒体手段，最大限度地表达话语意义，以获得最佳效用。

（一）选择多模态应遵循的原则

多模态的选择，要遵循以下几个原则。

1. 强化关系原则

主要运用一种模态，其他次要模态对主要模态具有加强作用。例如，在讲解雾霾天气对人类的危害时有这样一个句子："Haze is bound up with the lung cancer."作者运用言语阐释这个句子的含义的同时，利用 PPT 展示了雾霾天气的实景图片。朗读句子和解释句子是教学的主要过程，同时搭配文字说明或图片，有助于学生对句子的理解和记忆。

2. 协调关系原则

一个完整概念的表达是多种模态相互联合和交互运用的结果。这并非意味着各种模态之间可以随意地组合，因为模态之间会形成互相抵抗和冲突的关系。例如，学生在快速阅读某篇文章时，如配以音频或动画则会分散学生的注意力，这就证明了在这种环境下，文字模态和音频模态是相互矛盾的。

3. 前景化和背景化原则

在选用多种模态的时候，主要模态处于前景中，而其他辅助的次要模态则被背景化了。例如，在感受某种音乐节奏的时候，音乐的播放为主要模态，而歌曲的作词和作曲的介绍则被视为背景，具有配合作用。

4. 抽象和具体原则

当一种模态表达的是一些难以理解的晦涩的理论时，其他模态则提供实际的例子加以解释，使抽象化的理论呈现具体特征，这样有利于学生对理论的理解和记忆。

（二）运用多模态的目的

当一种模态形式无法诠释说话者所要表达的意思的时候，则需要用另外一种或多种模态形式来补充说明其完整含义，以达到话语的接收者能够理解语言意义的目的。例如，当英语教师在解释同音异形异义词 sweet 和 suite 时，仅仅通过口头表述或声音模态难以区分两个词的真正含义，这时需要借助书写或文字模态，让学生能够直观、立体地感受到这个单词的发音、词形和词意。

再如，同音同形异义词 paper 的三种含义分别为"纸""报纸"和"论文"，这时英语教师可利用声音模态形式和文字模态形式相结合的方式加以区分，若学习者仍不理解，可以借助图形等模态。

（三）认知发展须实现的目标

学习者认知能力的发展是教学要实现的最终目标。教学必须考虑到不同学习者在学习和认知风格上的差异，包含对篇章信息、非篇章信息的感知、认知和识别能力。而上述能力的提高需要借助多媒体的教学环境和多种模态的相互作用。

一般情况下，学习风格是个性化的感知方式和信息处理方式的结合，是学生对学习环境的认知和感知模式。不同环境和不同学习背景下的学生有着不同的认知风格。里德（Reid）将学习风格定义为"个体学习者吸收、处理、存储新信息与新技能的自然的、习惯的和偏爱的方式"，并进一步将学习风格细分为三种类型：认知型、感知型和人格型。认知型学习风格又被划分为场独立型和场依存型两种方式。教师必须在教学过程中注意每个学生的个性特征和认知风格特征，在教学的各个环节运用不同的模态，提升和开发学生的认知能力。

四、认知过程的分析

对信息内容的感知和识别是多模态的。信息类型的差异将决定选择模态的差异，进而形成认知差异。例如，学生需要是通过视觉、听觉、触觉等感官模态对篇章信息进行听、说、读、写、译的认知；学生主要通过视、听、展、演等视觉、听觉等模态来认知，并通过说和写等触觉模态形式转换为篇章信息。

（一）学生主体认知的模式

教师设计和组织的教学内容是学习者认知的重要内容。在教学活动中，认知的主体是学习者，学习者需要接受和整合的信息是教师所提供的诸如声音或文字模态的信息，学习者需要对这些信息内容加以理解、消化和吸收，而教师应该关注学生的认知程度和识记效果。从宏观角度看，影响学习者认知程度、识记效果的因素有多种，根据对以学习者为主体的认知模式的分析，教师可以通过调整讲解信息的组织方式、传授方式，培养学生的元注意能力等方面提升自身的教学水平。

不同的心理学家和语言学家对人类认知过程的分析呈现出明显的差异。笔者依据不同模式的特点，总结出其共性，并设计了学习者主体认知模型。作为认知主体的学习者可被看作一个信息整合加工系统。其工作职能就是在某种环境下输入、整合、加工、输出信息。

学习者主体认知模型的核心内容是"注意"。"注意"的局限性会影响整个认知进程中的信息整合过程。换句话说，学习者在某一个时间段内注意到的信息内容是有局限性的。这种局限性会引发两个问题。第一，教师怎样使授课内容简洁且易于学生吸收，也可以说周围的环境对认知主体所获得的信息内容的质量的影响问题。第二，外部环境的刺激物较多，认知活动呈现出复杂特性，作为认知主体的学习者应关注什么样的信息内容和认知活动能够为我所有，以及如何安排有限的注意力完成既定任务。前者反映了教师所讲授课程的内容组织与学习者认知的关联；后者则强调了所谓的"元注意"，它是人类信息内容加工体系中比较重要的组成部分，对于认知效果具有间接作用。所以，有效地组织信息和正确地传达信息是教师应该首要解决的问题，加强学习者的调节能力、对自身注意力的管理能力是教师在教学实践操作中应该加以强调的方面。

（二）教学实践中的信息组织方式

依据上述对学习者主体认知过程模型的探讨，教师在实践授课中所传递的信息应该与学生输入大脑中的信息在理论上是吻合的。出现不吻合的原因呈现多样性，本书未涉及此问题的讨论。教师应将注意力锁定在如何有效地组织讲课内容以及挑选合理的授课方式上，使这些精心提炼出的信息内容能够最大限度地被学习者消化和吸收。依据心理学的观点，要对学习者的认知过程做简单的分析。在心理学中，认知指某些刺激物在面前，人们如何定义和描述它。一般情况下，认知主体有两种认知信息的加工途径：第一，根据事物的部分特点辨认整体，这是一种基于数字信息的加工模式；第二，运用已存在的知识和信息加工目前的新信息内容，这是一种基于概念信息的加工模式。在学习者主体认知的模式中，以上两种加工模式都是存在的。学习者自身的知识结构、能力水平存在一定的差别，这使学习者加工信息的深化程度和最终所取得的效果呈现出较大的差异性。然而，作为知识和信息的发布者和传递者，教师应该在承认和尊重这些差异性的前提下，尽可能地将所要讲授的内容进行合理地组织和加工，因材施教。笔者认为，在教学过程中，要把握以下三点原则才能将所传递的信息有效组合。

1. 充分精练、演示认知对象的特点

认知对象可以指某些学习者认为的较难消化的知识点，例如，某个计算系统、某个专家的观点或某一个数学定理等。这个原则以强化知识点为主要特点。例如，遇到某个难以理解的计算系统时，教师首先应该将讲解重点放在系统的特点、系统的输入和产出的关系上，而非马上讲解该系统的理论知识。

2. 已传递的知识点能够为新知识点的介入奠定基础

该原则主要体现在将旧的知识中的某些条件更换或将某种形式变更这两种情况上。新知识点或是对旧知识点补充或是对旧知识点的升级。

例如，在讲授英语教学法的时候，应该突出强调一种教学法是在汲取了上一个教学法的基础上，经过改良而得出的。

3. 最大限度地体现知识点之间的关联

事物之间的关联性是客观存在的，是不可改变的。学习中的知识点之间也存在关联性。掌握每个知识点之间的关联性需要建立在对已有的知识点的理解、消化和吸收基础上，这对于学习者知识层次的建构、知识的转移和创新技能的提升都有重要的现实意义。

笔者最初按照教学大纲讲授大学英语课程时，学生普遍反映每天背诵单词和语法，难以有效记忆，显得非常困惑。经过一番深入的思考，笔者与学生进行了一次正面的沟通，认为授课内容和授课方式需要改良，需要使晦涩难懂的知识点简单化和条理化。最后，笔者对大纲所要求的授课内容进行了整理、突出和阐述。这样可使学习者大脑中的旧的信息点再度被激活，又接收了大纲所要求的新知识点。

此外，学习者将吸收后的信息在大脑中进行编码、整合、加工，最后转入记忆。也就是说，学习者对知识点的短时记忆和长期记忆都需要基于学习者对知识点的从编码到记忆的过程。需要指出的是，作为认知主体，学习者在对信息内容或知识点进行从编码到记忆的过程是存在显著差异的。不同能力水平的学生对同样的信息和知识点的理解程度和编码过程是完全不同的，这就使学习者对知识点的加工深度和所获效果呈现出明显的差异性。这也是在授课过程中需要考虑的一个方面。

（三）激发学习者的"元注意"能力

信息组织方式的不同会导致教学效果的不同。合理的信息和知识点可被学习者很快接受。同时，针对课上讲授信息内容的组织优化过程也是无止境的。所谓的注意，是指认知主体的意识或是心理活动对一定事物的指向和集中；所谓元注意，是指认知主体对注意力的注意。从课程教学的实践角度看，学习者的元注意是最低层面的。注意是一种有限度的心理学意义上的资源模式，这种有限性来源于人的心理智能的有限性，例如关系心理状态的努力程度、记忆的潜能、交流通信的渠道，等等。注意的有限性直接取决于认知材料的质和量，取决于可以执行的信息任务的类别以及各类信息任务之间的差异度和协同性。换句话说，学习者的认知注意，在某段时间内加工和整理的信息是有限的。激发学习者有意识地注意自己的注意力和有意识地限制和控制自己的注意力显得十分重要，其中涉及注意的选择、注意力的监控、注意力的调配以及使注意力更自动化，使注意力资源信息得到最大限度发挥。笔者从教师的角度列举了培养学习者元注意的几个重要策略。

1. 展示学科内部的趣味性和价值所在

心理学已经反复证实了认知的动机直接影响所获得的结果。成功教育的关键就是激发学习者强烈的内部动机。然而，做到这一点并非易事。社会的每个层面对学习者的学习情况都给予了很多物质层面的利益奖励，目的是加强学习者的内在学习潜能，但是效果往往不尽如人意。笔者认为，其中所缺乏的就是学生对所学的知识点的趣味性和价值观的认同。某些课程的教学目的、任务目标以及授课意义都在教案中给予了详尽的描述，但是这样的描述往往都是非具体且晦涩的。因此，学习者很难深刻地消化和理解，也很难培养兴趣，更不能演化为学习动机和潜能。探讨其中的趣味性和价值应是每一个教师首先应该解决的问题。心理学家认为，成功的经验和喜悦有利于兴趣的养成。从笔者的教学实践来看，那些在课堂上积极发言和表现自己的学习者展示了较大的学习兴趣，学习渐渐地变成了一种积极和主动的探究过程，因为自信是建立在成功的基础上的，源于这些学习者体验到了成功运用知识的喜悦感，而这种喜悦感使他们知道这门课程对他们的成长是有益的，更激起了他们学习的兴致。因此，在教学实践中，教师应该设法提供给学习者一些成功的案例和较好的实践体会，使学习者感受到课程的知识结构带来的成就感和喜悦感，从而了解和探究课程的价值所在。

2.适时地进行心理干涉

众所周知，学习者的学习过程并不是一帆风顺的，经常布满了荆棘和挫败。攻克了这些荆棘和挫败的学习者可以使自己的学习成绩显著地提高；而不能够攻克这些荆棘和挫败的学习者容易形成学业上的压力感，随即堆积焦虑情绪进而厌烦学习，这时学习者的注意力就难以保证具有一定程度的聚集性。对于这样的学习者，适当的心理干涉是非常有必要的。第一，应该让对学习产生疑惑的学习者了解学习的内在规律，正确面对学习过程中的"高潮"和"低潮"期，意识到挫败正是下一个"高潮"期来临的暗示；第二，教师应该在适当的时候向学生答疑解惑，如果能够启发学生依据自身的思维方式解决困难那是最理想的方法。心理学家研究表明，适当的焦虑并不是一种不良情绪的体现，反而会成为一种学习动力。焦虑情绪所引发的紧迫性和焦虑感能使学习者的注意力达到集中状态，且思维灵活、行为稳定。由此可以证明了，适当地激起学习者的焦虑感是一种有效的教学方法。一些教学方法，例如"激将法""刨根问底法"就是建立在这样的心理学基础上的。

3.巧妙运用"设疑—解疑"的讲授方式

在授课过程中，无论是为了提升学习者的注意力，还是对信息内容进行深层次加工，教师应在恰当的时间和地点提出一些应景的问题，这是一种常见的和有效的教学方式。但是应该强调的是，提问的方法和时机是值得思考的。经常性的提问容易让学习者产生厌烦和懈怠的态度，而对疑问的不充分解释会让学习者疑惑，不能达到较好的教学效果，学习者的注意力也会被分散。此外，学习者不要仅仅局限于向教师提出疑问，应学会向自身提问并自己找到答案，最后再请教师给予充分的诠释。

4.了解认知过程，建构认知结构

学习的过程是一种探求知识的过程，因此此概念强调的是"过程"，而非"结果"。所有学科都有其内在的认知规则。若学习者能充分融入知识的获取过程中而能深入地识记、加工和利用知识，那么其注意力则会高度集中，对学科的感知程度、信息的加工程度也会比较深刻。在教学实践中，教师要带学习者了解认知过程并引导学习者构建认知结构，使学习者大脑中形成完整的知识结构。

美国心理学家布鲁纳提出任何学科的内部知识都以一种结构化的模式存在，最有效的学习模式是把新接触的知识与头脑中的元知识相联系，并将新的知识结构融入原来的认知结构中。学习者对书本上的知识归类，知识融入自己的认知结构中，不断完善自己的知识体系。此外，学习者对知识结构的研究能够使自己站在一个较高的层次上构建和完善知识体系，呈现一种较为轻松的学习状态，更有利于在不同的学科中灵活运用所掌握的知识。这能够拓展学习者的思维模式，利于其开创性思维的产生。

五、多模态理论在写作教学模式中的应用

在向学习者讲授关于句子的写作方法时，教师应在每个题目的前面加上动画和音响，让整个课堂的气氛变得活跃起来。在教授学习者关于段落写作的时候，为了使学习者对段落的组织形式有一个初步的了解，教师可以利用各种图示，给学习者一种直接和立体的印象，再融合一些学习者所了解的时事新闻，以丰富学习者的写作内容。

在写作练习中，各种模态建构了文本信息，而这些文本信息也是日常生活中学习者所熟知的。在实践中，模态间的互相转化会充分调用学习者的各个感官，例如听觉、视觉等。多模态的介入使学习者的叙事性和描述性的写作更为生动和有趣，具有一定的思想，与读者能产生一定的互动。

在认知心理学中，第二语言的习得和运用是一个信息加工和处理的过程。在此过程中，大脑是知识信息的处理器，处理器的一端连接语言的输入，而另一端则连接语言的输出，第二语言习得的过程也就是信息内容的认知、加工、储存和提取的过程。信息内容的输入和产出对第二

语言学习者来说是非常重要的。多模态理论可以帮助学习者强化所获取知识，将更多的语言输入转变为更有效的语言输出。认知主体通过耳朵筛选文字，通过眼睛选择图示，通过感官获取信息。而这些信息内容在感官处得到暂时停留后，进入人的"短期记忆系统"，认知主体对听到的声音材料进行编码、解码之后，将其变为相应的语言模型，对通过视觉观察到的图像进行整合，并将其演变为图示模型。

在"短期记忆系统"中的信息通过认知、编码和解码以后，储存在"长期记忆系统"中。短期记忆系统组织和处理好的信息可以直接进入"反应系统"，而存储在"长期记忆系统"中的内容需要被某种刺激物激活后才能转入"短期记忆系统"并被加工处理，之后抵达"反应系统"。

在学习者的认知活动中，"短期记忆系统"和"长期记忆系统"是相互关联，不可分离的。"反应系统"将处理和组织好的所有信息来源，按照反应的顺序，命令"反应器"完成计划的任务。在写作课程中，学习者通过模态间的互相转换和互相补充获得知识。学习者对某些多模态形式，如图形、声音等，进行认知、加工、编码、解码和储存，使它们进入"短期记忆系统"，之后有可能被储存在"长期记忆系统"中。在教学实践中，教师通过各种模态之间的转换，充分挖掘学习者获取知识的潜能。这种良性循环和信息的互补性为学习者进行有效的言语输出奠定了坚实的基础。有目的性的语言输入对口语和书面语的学习都是大有裨益的。这种良性循环有益于知识的获取和记忆能力的提升，一方面，有益于认知能力的提高；另一方面，可以较好地帮助学习者表述思想，有利于语言的自动输出。语言从输入到输出的过程与人类获得知识的过程是吻合的。因此，在认知心理学的范畴内，多模态理论应用于写作教学是切实可行的，有效果比较理想，并已经过很多实证检验的。

六、多模态信息加工中的效应与机制

（一）多模态信息加工中的督促效应

如果"词语"和"图形"共同出现在某张图片中，词语和图形的语义关系会因所处条件的不同形成不同的效应：督促效应和干涉效应。究竟哪个效应起主导作用，这取决于词语和图形出现的时间间隔。若词语比图形先呈现，就会产生语义的督促效应；反之，就会形成干涉效应。对上级词汇的命名准备能够促进下级词汇的图片命名，例如词语"人"的呈现促进了对图片"巴西人"的命名，这是限制机制阻碍了跨水平的干涉作用，而督促作用没有被阻碍的结果。

（二）多模态信息加工中的干涉效应

词语 – 图示干扰实验是 Stroop 效应实验范式的一种变体。词语 – 图示干扰实验中所使用的刺激物一般由两个部分合成：一是目标刺激物，即要求反应的部分；二是分心刺激物，也就是能够忽略的部分。在实验环境下，目标刺激物与分心刺激物在时间、空间和语义上有某种关联；在条件的控制上，分心刺激物与目标刺激物不存在中度的刺激。经常使用的词语 – 图示干扰实验是在视觉的层面上显示词语与图示的关系，另外一种模式则是在听觉的层面上显示词语与视觉所显示的图片相联合，在以上两种情况下，发生的效应基本相同。词语 – 图示干扰实验可以承担不同类型的任务，而不同类型的任务呈现的干扰程度也是不尽相同的。例如，分心词汇对目标图示的命名有干扰性，而对目标图示的分类未产生实质的影响；分心图示对目标词语的分类有干扰作用，但是对目标词语的命名并未形成影响。这就是词语 – 图示干扰效应任务的不对应性。

可分为两部分阐释词语 – 图示干扰效果：一是诠释词语 – 图示干扰

效果的起因，二是对词语－图示干扰效果进行暂时定位。

对于词语－图示干扰效果的起因有三个理论可以解释。

第一，知觉编码假设分心刺激物的出现引发了一系列的关注，浪费了一定的资源，减少了对目标语言进行编码和解码的过程中获得的资源，促使编码和解码的效果和质量下降，因此对目标语的反应程度就会下降。此理论也提出了对分心刺激物和目标刺激物的反应速度的差异性，也被认为是相对速度的假定。其主要观点是语言意义的表现形式与词汇表现形式相脱离，图形对语言意义的表现具有优势，也就是说会首先获取某类信息；词语对词汇的表现具有优势，也就是说会首先提取有关名字的信息。

第二，针对客观物体的命名需要三类信息，即视觉信息、语言意义信息和语音意义信息。这三类信息与三个加工阶段相对应，即激活结构性特征描述信息阶段、语言意义的整合阶段以及名字的获取阶段。这些阶段是相互独立的。目前对语言意义干扰效果的发生阶段尚无定论。有些语言学家认为，语言意义中的记忆信息被激活是形成干扰性信息的主要原因；还有一些语言学家认为，语言意义干扰效果的发生阶段就是目标名字的获得阶段。从语言意义的信息模式到命名的信息反射过程就是语言意义干扰效果产生的关键过程。命名反应是一个连续的且相互作用的过程，在某些时段可以共同激活不同种类的信息模式。双编码理论表明，非语言课题的表达形式与名字的表达形式是相互联系的。

第三，对比词语－图示干扰效果的研究，有很多研究直接涉及听觉显示的信息与视觉显示的阅读信息之间的干扰效果。次要信息或没有关联的言语对短期记忆中的顺序信息也会产生干扰效果。

（三）多模态信息加工中抑制机能的影响

很多干扰效果会在多模态的信息加工过程中产生，因此，如何控制和减少干扰、提升信息加工的准确性就变得至关重要了。以往对于抑制机能的探究多是对单个模态的信息整合和利用，而对多模态的信息整合和运用则主要围绕着干扰效果进行，很少对干扰的抑制作用加以深层次的研究。

抑制是防止干扰内容信息被激活的认知机能。一般情况下，如遇干扰信息，抑制机能的作用就是阻拦干扰信息被激活。这时，抑制机能就会演变为去除已经被激活的干扰信息。

有些语言学者将抑制和干扰两个概念混淆，把干扰效果与抑制机能混为一谈。但是，随着语言理论的进一步发展，很多语言学习者倾向于将抑制和干扰分离开来，认为干扰是指在存在多种分心刺激物的环境下，信息的整合和提取之间存在着竞争的关系；而抑制是指一种积极的抑制信息整合，是使干扰信息独立于短时记忆之外的一种加工模式。抑制可能是提前发起的，用来阻止干扰的发生，也有可能是反应操作，依据干扰数量的多少而产生不同的效果，分心刺激物越多，干扰能力越强，抑制程度也就越大。双编码理论表明非语言的表现形式可以与水平内和水平间的多种表述的结合点相关联，对客体的命名条件可能被激活，抑制机能可以在具体的语言沟通环境下，从多个可以选择的条目中选出得体的名字。维特科维奇（Vitkovitch）与泰瑞尔（Tyrrell）的研究表明，下级水平的图片命名会阻止来自相应的水平表达形式的干扰，所以在实验中没有产生不同语言意义层面上的干扰效果。埃利奥特（Elliott）等人运用抑制机能诠释在颜色—词语的干扰实验中，干扰效果是如何降低到最小化甚至消失的。

在多模态话语教学模式下，教师的教学观念、学生的学习观念和教学评估的方法均融合了多模态、信息和认知"三位一体"的理念，能够有效地增强教与学的效果。但此模式还处在探索完善阶段，很多问题需进一步研究解决。例如，在教学中，老师如何调动学生的感官，尽可能多地亲历教学活动，参与教与学的互动，真正提高学生的认知能力？如何联系语篇体裁的特征来解读模态间关系以及关于色彩符号系统网络的建立？在新的教学模式下，学生的信息处理能力和认知发展会发生怎样的变化？如何制定出一套采用多模态的方式对学生所认知的信息进行考核与测评的细化性规则和参数？等等。这些新观点关注的都是当前多模态研究的热点问题，都值得进一步探索。

因此，在外语教学中急需构建一种完善的、新型的多模态教学模式，以满足社会发展和学生自身对英语学习的需求。教师也有必要通过构建这一新模式，达到外语教育的培养目标。当然，在高校全面彻底地开展和实施多模态教学还需要一定的技术和教学设备的支持。

第三节 多模态相关理论在英语教学中的运用

一、多模态在英语教学中的运用

教师在英语教学中要考虑：话语范围（即教授的内容、深度、长度等）；语言基调（即教师的性格、特长等和学习者的知识及能力结构等，以及二者的关系）；话语方式（硬件设施、教学环境等，如针对知识获取型的教学目标，教师主要采取解释、说明等方式，针对技能训练型的教学目标，教学过程以训练、行动为主等）。这三方面对意义的建构起到关键的作用。

二、多模态运用的意义

当一种模态无法清楚地表达动作发起者的意思，用另外一种或多种模态来补充剩余意义，以达到听话者理解话语的目的就显得很有必要了。比如，英语教师在讲解同音异形异义词 principle 和 principal 时，仅通过发音／声模态显然不足以区别两个单词以达到利于学生记忆的目的，这时可以借助板书（文字模态），让学生从拼写差异的角度记忆。

三、主观性和主观化理论在英语教学中的运用

（一）主观性和主观化

主观性（Subjectivity）是指语言的一种特性，即在话语中多多少少总是含有说话人或自我的表现成分。也就是说，说话人在说出一段话的同时表明自己对这段话的立场、态度和感情，从而在话语中留下自我的印记。主观化（Subjectivisation）则是指语言为表现这种主观性而采用相应的结构形式或经历相应的演变过程。

人们早已注意到语言的主观性。有的语言表现主观性的形式很明显，如日语，说日语时几乎不可避免地要用明确的语言形式来表达说话人对所说内容和对听话人的态度或感情。像英语这样的语言，主观性的表现方式比较隐晦，但仍然大量存在。

然而在结构语言学和形式语言学占主导地位的情形下，语言学家对语言的主观性长期不予重视。这主要是因为他们认为语言的功能就是客观地表达命题，不愿意承认话语中还有表现自我的主观成分。

近些年来，语言学家开始对语言的主观性和主观化给予充分的关注。这跟近年来语言学人文主义的复苏有关。特别是认知语法的兴起，使长期以来占主导地位的结构语言学和形式语言学所主张的科学主义受到挑战。这些新起的学派都强调，语言不仅是客观地表达命题式的思想，还要表达言语的主体即说话人的观点、感情和态度。

在语言学研究中，语言的"主体性"或"主观化"研究主要集中在三个方面：说话人的视角、说话人的情感、说话人的认知。情感和认知形成说话人的主观立场、态度，包含着说话人对事物的主观评价，反映说话人的意图、认知和情感状态。当交际主体在交际时注重自我属性、自我概念，注重与他人、个体与社会的关系，并采用相应的语言结构形式外显其"主体性"、关注主体的反应、体现说话人对受话者的认同和关

注时，就形成了"主体间性"或"交互主体性"的特点。

（二）主观性和主观化与多模态话语的关系

在多模态话语语境中，除了言语形式外，发话者可以通过副语言和体势语言等符号传递信息，借助符号表征心智的计算过程，进行社会认知活动，使得认知具有分布式特点。认知不仅存在于个体中，还可以分布于媒体、工具、环境、社会规则、文化等系统中。而在教学活动中，认知分布于教室座椅的排列、黑板和多媒体中，分布于教学规范（如完成作业）中，分布于师生的角色之中，等等。

在认知过程中，因为文化背景或地域背景的不同，认知的方式也会有所不同，表现出一定的主体差异性，因此，在多模态的认知中也存在同样的情况。通过对认知风格的测量，可以将其分为以下三种类型：依存型和场独立型（Field Dependence，Field Independence）、冲动型和沉思型（Impulsivity，Reflectivity）、整体型和分析型（Associative，Analytic）。不同认知风格主体偏爱特定模态的表达方式和接受方式。具有不同风格的认知主体选择特殊的模态的接受方式和表达方式。场独立型很少受模态影响，因为其很少受环境和他人的影响，能够独立地思考。而场依存型就要借助各种声效、图像等多种模态来创立情境以便理解信息。而且其偏爱交际法，通过各种活动体验完成对信息的吸收和知识的建构。冲动型能根据部分模态或部分媒体信息做出快速反应，但往往都会出错；而沉思型需借助多种模态对信息进行全面的深思熟虑后才能做出反应，准确性高但速度慢。所以，根据两种认知方式的特点，冲动型适合口头模态的即兴表达，而沉思型适合先形成完整构思，例如，可以先用书面模式构思完毕，然后再做出口头的表达。整体型使用整体、联想的方式，从具体的例子入手归纳出一般概念，通过图形或例子的直觉学习规则；而分析型往往把问题分解，根据语义规则和理论解决问题，用逻辑寓意关系将信息加以演绎、联系起来。因此，只有当说话人和听话人的认知风格相一致的时候，听话人才能很好地接收说话人的信息，降低他们的认知难度。因此，如果在认知过程中，能根据主体性的不同采用不同的认知策略，说话人就能更好地传递信息、情感和态度。

认知主体的差异还表现在主体在使用话语时，以何种模态为主，如以言语为主，或以图片为主，或以乐趣为主，或以动作为主，其他模态作为辅助方式。这在教学中也表现出不同。比如，在讲授英语精读课程的时候，就需要以教师的讲解为主，也就是要以视听的模态为主，而学生接受知识则要以接受为主，也就是以听力模态为主，同时可以辅助板书的视觉模态。在网络自主学习中，就需要以多媒体课件和网络资料为主，即以视听模态为主。口语课程则以口语活动为主，辅以视听材料，即以口语为主，视听模态为辅。

（三）主观性和主观化在多模态英语教学中的整合与同构

教学中，教师和学生是教和学的主体。教师作为教的主体，在配置教学资源，制订教学计划和教学模式，设计课堂教学内容、步骤，选择教学方法和手段时，要考虑学生的认知特点和模态的适应性，选择恰当的知识呈现模态。

根据认知风格的不同和学习模态的差异性，可以组合出主体模态课程。高校英语课程主要分为输入课程和输出课程。在输入课程中，可建设以听力为主体模态的听力课程，以视觉为主体模态的阅读课程，以此为口语或写作课做准备。在输出课程阶段，设置口头模态和活动模态为主的课堂口语教学课程、以全身模态参与的实践课、课外项目研究等形式，全方位、多模态地完成同一主题或知识单元学习。

不同认知风格的学习主体有其主要的模态承载方式，如果把不同学习者比喻成不同模态的功能单位，那么在自主学习和课堂教学中，通过主体间的协作，就可以实现模态间的协同配合，建构完整的意义。

从社会认知角度看，不同认知风格的学习者偏爱不同模态的学习，所以网络自主学习课程内容须使用不同的媒体方式加以组合。比如，对于依赖单一视觉模态的场独立和文本型的学习者，提供单一电子文档即可；对于场依赖型学习者，就须提供附有图片的课件；而对于混合型学习者，需要提供多媒体的材料。因此，我们可以把不同风格的学习者搭配到一起，先使其按照自己所擅长的模态学习，然后再将他们组合到一起，实行多模态互动学习，建构出一套完整的意义。

在大学外语的精读课程上，教师应以口头模态进行教学，而学生则应主要以视听模态接受知识。所以，课堂教学应以教师的讲解为主，讲授文章的背景知识、重点难点，分析文章的结构，培养学生阅读和写作的能力。当然在口头模态为主的同时，教师还应借助文字和多媒体等辅助模态，以达到最佳的授课效果。同时要注意针对不同学习者的不同认知特点，使用不同模态的辅助模态和手段。一般来讲，对于重点和难点，可用口头模态辅以视觉模态形式，用文字为主流媒介显示，而对于已有知识则可以用声音或图片等次要媒介创设情境。

在大学外语的口语课堂上，语言知识输入部分的主要模态应是听力模态，而辅助的模态则是图片或短片。在语言知识的输出部分中应当以口头的模态为主，形式主要有问答检查、独白、对话、讨论、演讲及影视角色扮演等。

学生是学习的主体，所以教师应认识学生主体性的差异，充分发挥每位学生的特长，从多方面进行整体的意义建构，从而达到最佳的效果。所以教师可以通过小组协作的方式进行课堂教学。在分组的过程中，根据认知风格差异，分配学习角色。小组内成员根据擅长的模态担当一定的角色。例如，擅长视觉和表达的组员可以借助图片做出课堂展示；擅长书写的组员可以做记录；擅长听说的组员可以进行对话；擅长混合型模态的学习者可以做出最后的总结和评论工作。同时，建立师生互动评价机制，以便更好地组合课程学习内容，完成教学目标。这样，通过多媒体形式表达了概念意义、人际意义和语篇意义，完成了整体意义的建构。

四、多模态隐喻在多模态英语教学中的运用

（一）多模态隐喻的产生

20 世纪 80 年代起，语言学家逐渐认为"隐喻不是一种修辞方法，而是一种思维方式"。到目前为止，这一观点已得到普遍的认同，成为隐喻研究者共同信奉的信条。传统的隐喻研究主要集中在人类语言这一模态中，但是在符号学的各种模态里，语言不是唯一的表达语意的方式，还可以借助声音、图像和空间等其他媒介和手段来表达概念。所以，隐喻研究不应一直只关注语言的体现，因为意义不只存在于语言符号中，其他符号或一切艺术形式对体验意义的构建过程所发挥的作用和语言并无不同。

随着信息技术的产生和发展，人类交际所涵盖的范畴已经非常广泛，人类进入了多模态时代，文字、图像、构图等多种媒介符号交织在一起，充分调动感官的协同作用，传递信息，交流情感。然而，到目前为止，主流语言学家对隐喻的研究还主要集中于隐喻的语言体现上，对于非语言符号以及多模态互动呈现的隐喻缺乏应有的重视。查尔斯·福塞维尔等人所提出的多模态隐喻恰好弥补了原有隐喻研究的缺陷。

查尔斯·福塞维尔认为："人类对通过自身的感官，即视觉、听觉、嗅觉、触觉、味觉，而获得的现象，更容易形成理解和进行分类界定。这些感知很具体，所以，人们根据具体的概念来系统地理解一些抽象概念。"由于对具体事物和现象的体验根源于我们身体的感知功能，所以，隐喻的源域最好与身体的感知功能取得关联。源域若要与身体的感知功能取得关联，就必须借助符号学模态。

胡壮麟也认为："自然状态下发生的话语活动往往具有多模态性（Multimodality）。以前由于科学技术的限制，很少有人从多模态角度分析话语。现在，随着新媒体技术和语料库的迅速发展，对自然话语进行多模

态研究已经成为可能。多模态话语分析的意义在于它可以将语言和其他相关的意义资源整合起来，它不仅可以看到语言系统在意义交换过程中所发挥的作用，还可以看到诸如图像、音乐、颜色等其他符号系统在这个过程中所产生的效果，从而使话语意义的解读更加全面、准确，进而发现人类如何综合使用多种模态达到社会交际的目的。可以说，这类话语分析既可以推动人类对语言学的研究，同时也可以加深对符号学的认识。"①

从 20 世纪 90 年代起，以查尔斯·福塞维尔为代表的一批欧美学者结合认知语言学和传媒学的成果，将隐喻研究拓展到了跨学科的多模态研究，从此隐喻研究开始向多媒体进行转化。多模态隐喻作为认知隐喻理论的新发展，为探讨隐喻的本质与应用提供了新的视角。

（二）多模态隐喻研究的现状

目前多模态的研究主要有两种：一种是理论综述研究，另一种是具体的应用研究。国外的研究已经很多，而国内的研究才刚起步，有限的研究主要集中在介绍国外的理论，而实证性的研究较少。主要的理论研究重点是阐述多模态隐喻的理论基础和研究方法，对于其应用的研究目前已扩展到了广告和电影等语篇当中，但是应用多模态隐喻研究外语教学目前还比较少，有必要进行深入的探索和研究。

（三）多模态隐喻的定义及类别

多模态隐喻是指用两种或两种以上模态来体现源域和目的域映射的隐喻现象，它主要通过视觉模态和听觉模态来实现。具体而言，多模态隐喻主要有五类物理形式：书面文字、有声话语、静态或动态图像、音乐、非语言声音、手势。

根据所诉诸的感官类型，多模态隐喻可以分为两大类：平面多模态

---

① 胡壮麟.系统功能语言学视野中的体认语言学[J].浙江外国语学院学报,2021(01): 1-7.

隐喻和立体多模态隐喻。平面多模态隐喻只有视频没有音频，其视觉模态涉及图像、色彩、构图、语言文字等多类视觉符号。立体多模态隐喻是由数种异质媒介构成的复合隐喻的表达系统，往往诉诸声音、图片及影像等多个感官层面。在隐喻的表达过程中，这些模态有时共同参与，有时只是几种模态的简单组合共同发挥作用。

外界事物要给人们留下印象，首先是要被其感知，形成知觉，然后经过大脑的分析得出结论。但是在日常生活中有很多抽象的概念或思维方式，它们很难被别人感知到，此时就可以借助多种媒介的组合，将其隐喻成为活生生的直觉事实。经过多种模态的合成，形成如同音乐般的交响，给接受者带来强烈的吸引力和感染力。

在传统的教学环境中，教学的工具只有课本和黑板，所以教学只能诉诸视觉模态，因此平面多模态隐喻使用得较多。但是随着科技的进步，教学的手段丰富起来，目前多媒体已经在大多数的学校普及开来，因此教师在课堂上可以将视觉听觉等多种模态整合到课堂中来，进行立体多模态隐喻的教学，使一些抽象的知识获得多种表达的方式，进而获得更好的教学效果。

（四）多模态隐喻研究的意义

多模态隐喻研究主要具有两方面的意义。①理论意义：多模态隐喻研究可以进一步发展认知语言学的理论。认知语言学是通过分析语言来推断关于心智与身体对语言结构形成的依据，这难免会陷入循环论证的怪圈。而多模态隐喻则弥补了这一缺陷，它证明了隐喻不是只存在于语言之中，而是普遍存在于各个模态当中的。此外语言隐喻本身也是在多模态的语境中进行的，因为信息是在不同的符号系统中进行交换的，而仅对语言模态分析，忽略了其他模态，这会误导读者，造成信息传递的不完整。所以，只有完整地考察各种模态隐喻的使用情况，才能全面地传达隐喻所传达的意义与信息。②实践意义：进行多模态教学隐喻的研究可以帮助教师更好地研究教学进程中的各种因素，进而使用研究的结果指导教学实践，增加教学效果。同时，通过研究多模态隐喻，还可分析教师的教学语言，进而分析教学中教师如何进行意义表达，并将研究结果反馈到教学实践中，更好地提升教师的教学技能。

（五）多模态隐喻的特点

动态性语言隐喻公式是"A 是 B"，这抹杀了隐喻动态建构的本质，但多模态的隐喻与高度抽象的语言符号不同，非语言模态的表征往往具有高度的时空序列特征；或通过视觉的延展构建一个包含行为事件链的隐喻场景，或通过镜头的剪辑次序或声音的起伏仿拟事件的发生过程。多模态隐喻似乎都承载着一定的叙述性，所以多模态隐喻的公式应为"A 是正在进行的 B"才更加贴切，它反映出了多模态隐喻的动态性。

2.可逆性在语言隐喻中，源域和目标域是泾渭分明的，它们之间的关系具有不可逆性。而多模态的隐喻则不同，根据不同的体裁、媒介和模态，隐喻的两域之间可能存在可逆性。多模态隐喻的含义比较开放，可能通过可逆的隐喻解读出不同的含义来。

（六）多模态隐喻在英语教学中的整合与同构

传统的课堂教学是教师主讲，学生机械地听，互动较少，学生缺乏主动学习的积极性和参与意识。然而随着现代多媒体技术的广泛使用，课堂教学模式大大地改变了，教师可以整合各种多模态的教学模式来调动学生的学习积极性。这样，在课堂教学过程中，教师如何在一定时间内，让学生在轻松愉悦的心境下，接受、理解大量的信息，协调和发展各种语言技能，真正具备建构性学习的能力，就是值得研究的课题。多模态隐喻理论则为此提供了很好的理论基础。由于多模态隐喻的自身特点，它意义的创造呈现动态和互动的特点，所以多模态隐喻的意义要比单模态隐喻的意义丰富。这就要求教师一方面使用多种模态的教学材料；

另一方面，要善于使用那些具有隐喻意义、能使人产生联想的教学材料，高校英语教材中的语篇题材丰富多样，对于各种类型的语篇教学，尤其是科技类的文章，运用多模态隐喻中的声音、视觉等形式可以很好地达到课堂交际效果，使教学形式生动，场景逼真。在大量的视觉、听觉等模态中，学习者转换为感觉模态和类似"触"角的模态，加深了学习者的理解，加强了教学的效果。

　　学生具有天然的学习潜能，真正有益的学习主要都是学生自己主动参与完成的。所以在多模态教学中还应考虑学习者的学习能力，只有帮助学生更好地了解多模态，才能达到良好的课堂教学效果。首先要为学生传授隐喻、多模态等的相关概念，引导学生领会理论，并指导学生将其应用于学习实践，增强学生对各种模态的敏感度和识别能力。其次，教师应指导学生利用多模态隐喻来认识世界，理解各种抽象的概念，解释单词的隐喻语义的演变，语篇非文本意义的构建等，使学生在学习实践中切身体会并逐步达到恰当使用和灵活掌握。现代社会的多模态化使得意义的构建越来越依赖多模态话语的融会，应当引导学生把多模态隐喻能力的培养当作创新能力的一部分，自觉养成学习的习惯。

　　多模态隐喻是概念隐喻的发展新方向，多模态隐喻的理解过程基于文字、图像、声音、构图等因素的互动，使新奇隐喻的创造成为可能。由于多模态的动态性和可逆性，隐喻意义的表征更加丰富，直观的视觉元素增加了信息的传达量，增强了文本的解释力和意义的表达。所以，教师在教学过程中，应当善于运用多模态隐喻，注重学生多模态隐喻能力的培养，使学生能够理解多模态隐喻所传达的意义，提高课堂效率，提高学习者的感知和体验能力。

第三章　高校英语多模态教学的
理论基础

第一节　哲学理论

研究高校英语课堂教学模式，有必要系统全面地分析把握教学系统的要素，明确各要素之间的关系。根据系统论原理，教学系统由教师、学生、教学内容和教学媒体四个基本要素组成，即所谓教学系统"四要素"。教学系统通过这四个基本要素的相对运动和相互作用，参与到整个教育系统运行过程之中，同时，通过这个复杂的运行过程，确保各个子系统的动态稳定。在新媒体时代，传统的教学系统在信息技术的冲击下面临解构，大量的教学技术元素的融入，导致传统教学系统四要素的内涵及其相互关系发生了根本性的改变，需要进行哲学意义的重构。人们可以从不同的哲学观出发，对现代教学系统进行剖析，比如，从联通主义的理论视角，探索现代教学系统四大要素之间的关系和关联，以及各教学子系统因此而呈现的动态网络。

鉴于高校英语的语言课程性质，本书需要从主体性出发，对高校英语课程教学系统进行研究，因为言语构建人的主体性，为人类表征世界提供资源。高校英语课程的教学系统中充溢着教师的教与学生的学的主体性。根据功能语言学理论，在功能言语层面、功能型言语标记又使主体间性成为可能。在语言哲学的视域中考察主体性和主体间性的建构过程，人的主体性在语言作用下走向主体间性是一种哲学必然。下面从主体间性理论的哲学视角，对高校英语课程教学各要素及其关联进行探究，旨在探讨能够顺应新媒介时代发展的高校英语教学模式。

一、主体间性哲学观与间性理论

19 世纪末 20 世纪初，西方哲学开始转向现代语言哲学，在某种意义上，这种转向标志着主体性哲学转向了主体间性哲学。"间"意为"在……之间"。从本体论来说，"间"揭示了主客观事物存在的普通方式。主客体都不可能孤立地存在，只有在相互"之间"的作用与影响中才能生存。间性（intersexuality）的概念最早源自生物学研究，因其在神经心理学、认知科学等领域的相关研究和发现而备受关注，逐步应用于哲学、美学、文学、艺术、教育等人文学科，并成为一种新的理论。所谓间性，主要指一般意义上的关系或联系。间性理论作为主体间性、语言间性、文本间性、文化间性、媒体间性等理论观点的综合，强调"你中有我，我中有你"，其哲学理论基础是主体间性。作为 20 世纪西方哲学凸显的一个范畴，主体同性理论是一种反主体性、反主客二分的近代哲学思想和思维模式，强调主体与客体的共在性、平等性，关注主体间对话沟通、作用融合及不断生成的动态过程。主体间性理论的繁荣主要始于胡塞尔倡导的现象学运动。现代西方哲学中，很多流派都从不同角度对主体间性问题做了探讨，出现了各种流派，如伽达默尔基于解释学理论视角的"视域融合"说，基于社会交往理论的交互主体说，以及海德格尔基于生存论哲学的主体间性理论，等等。由于他们理论本身的局限性，并没有真正解决主体间性问题。主体间性问题应当在马克思主义哲学视阈下，寻求科学辩证的解答。

尽管作为当代哲学的世纪之谜，主体间性理论视角具有自身的缺陷和局限性，但它已经成为不同研究领域和研究方法的交汇点，并逐步衍生出一系列基于主体间性哲学观的理论视角，如媒体间性、语言间性、文化间性、文本间性等。间性理论为美学、文学、文化学、社会学等各学科研究，特别是为跨学科研究提供了哲学基础，也为英语教育研究开拓了新的视野。

除了以上所讨论的主体间性的基本概念以及间性理论中"你中有我，我中有你"的哲学内涵，其他相关概念如媒体间性、语言间性、文化间性、文本间性等也是学界所关注的重点。

　　媒体间性，有时也称作媒体相互性，指的是现代媒体的相互关联性，即媒体之间从信息内容到技术形式基于社会间性的综合、整合、转换与演变。所有媒体都兼具个性与共性，媒体间性就是媒体以共性为基础的个体差异性之间的桥梁。新媒体强化了师生主体之间、学生主体之间的主体间性，新媒体的多向性和互动性也加速了主体间性的进程。

　　语言间性是指语言的指称功能、意动功能、交感功能之间表现出的不协调和错位。换句话说，语言间性是指语用双方主体在沟通过程中客观存在的空间障碍。由于语言内在的差异性会带来语用双方理解度的波动，而这种波动则预示了语言系统的二元性特征（即开放性和封闭性并行），从而决定了语义的二元性。语义的弹性特征导致了语用双方的沟通仅仅是一种可能。作为二语习得研究领域中一个相当重要的概念，中介语（interlanguage）就是语言主体间性的一个主要表现。中介语是第二语言学习者在第二语言学习中形成的一种特定的语言系统，这种语言系统在语音、词汇、语法、语用等方面，既区别于母语，也不同于目的语，而是一种随着学习的发展向目的语的正确形式逐渐靠拢的一种动态的语言系统。换句话说，中介语是一种介于母语和目的语之间的过渡性语言系统，要学会目的语，必须经过中介语。中介语是第二语言认知中的必经之路。中介语是动态的、不断发展的，它随着学习者学习程度的加深，逐渐向目的语的正确形式靠拢。学习者在学习过程中，会不断调整自己的语言行为，使这种语言行为适应于目的语的表达习惯，由错误逐渐向正确方向转化。另外，在宏观上，语言的同化和异化现象，为语言的主体间性理论提供了佐证和补充，为如何保持语言文化的多元性及语言的发展提供了重要的参考。

　　文化间性，也叫跨文化性。间性思维模式应用于文化学领域便派生出文化间性问题。从某种意义上讲，文化间性就是西方哲学中的主体间性问题在文化领域的具体体现，它体现了从属于两种不同文化的主体之间及其生成文本之间的对话关系，表现出文化的协同共存、交流互动和意义生成等特征。在高校英语教学中，文化间性研究有助于加强线上的跨文化素养。

文本间性也叫互文性，指一个确定的文本与它所引用、改写、吸收、扩展或在总体上加以改造的其他文本之间的关系，即任何一个文本中都包含着以各种可辨认的形式而存在的其他文本。"互文性"实质上是"语篇间性"（文本间性），既包括"跨文本性"（即不同特定文本之间的关系），也包括"文本关涉性"（即某一文本通过记忆、重复、修正而向其他文本产生的扩散性影响）。互文性理论吸收了解构主义、新历史主义、后现代主义等流派的合理因素，被用于文学批评、翻译、话语学等领域，并在理论阐释上不断创新，如中国社科院哲学所青年学者刘悦笛根据文学研究提出的"复合间性"。刘悦笛认为，"复合间性"兼具"文本间性"与"主体间性"的特质，同时，又是超越了这两种间性的更高的"间性结构"。由于文学"复合间性"是由"作者—文本"与"文本—作者"的互动、"读者—文本"与"文本—读者"的互动共构而成的，而无论是读者还是作者都具有"主体间性"，文本也是被置于"文本间性"的视野内的，所以，它们共同形成的网络结构就成为一种具有交互性的对话体系①。

通过分析大学英语课程的学科属性及其教学系统的构成要素，本书认为，主体间性、媒体间性、文化间性、文本间性等间性理论视角是探讨解决大学英语教学的重要哲学基础。

教育技术与大学英语课程的整合充分体现了间性理论作为现代外语教育哲学基础的重要性。教师、学生、教学内容、教学媒体四大要素不

---

① 刘悦笛.在"文本间性"与"主体间性"之间——试论文学活动中的"复合间性"[J].文艺理论研究，2005（04）：64-69.

是简单地、孤立地拼凑在一起，而是相互联系、相互作用而形成的有机整体。在现代信息技术条件下，现代教学媒体的作用越来越显著，它改变了其他三大要素及其之间的关系，极大地提高了系统内部各要素之间信息传递和转化的效率。

　　首先，对于教师主体来说，教学媒体是组织、实施教学的一种重要工具，恰当的媒体运用可以减轻教师的常规工作，促进教师与学生主体之间的互动，对于学生主体来说，媒体则是一个认知和交流的工具，有利于学生有效地获取知识、发展认知能力、提高认知水平；根据主体间性，教师主体与学生主体之间具有显著的交互性，学生主体的中心地位离不开教师主体的主导作用，这是"以学生为中心、以教师为主导"教学思想的哲学基础。其次，在现代信息技术条件下，师生主体都是具有一定媒体素养的人，而且往往具有一定的不平衡性，由于信息技术的迅猛发展，学生的信息素养可能会优于部分年长的教师，在教学过程中学生可能会在新技术应用方面发挥着重要的作用，影响着教师主体及教学结构的取向。最后，新媒介条件下，教学内容资源化趋势明显，教材也从传统的单一的印刷图书转变为立体化的教学资源，教学内容更具多样性、易于获取性，在媒体形式上呈现出多元化、数字化的发展趋势，而且，师生主体都参与到教学资源的共建之中。现代教学媒体作为一种表现工具，可以最大限度地优化教学内容，从而缩小教学内容与师生主体之间的距离。

　　从对教学结构、教学方法、教学策略、教学模式的影响来看，现代教学系统四要素不同的作用关系可以形成"以教为中心""以学为中心""以媒体为中心""主导—主体"等不同类型的教学结构。现代教学系统四要素之间的相互关系充分反映了主体间性理论的哲学思想。从主体间性理论出发研究现代教学系统四要素及其之间的关系，对于探索有效的高校英语课堂教学模式具有重要的意义。

二、间性理论指导下的多模态课堂教学原则

毋庸置疑，间性理论对高校英语教学改革与研究具有方法论意义和针对性的指导作用。主体间性的研究有助于师生更新教与学的观念，有助于师生之间、学生之间的互动与学生的个性发展；媒体间性的研究有助于媒体的组合、配合、融合与创新，有助于多媒体技术与高校英语课堂教学的深度融合，有助于改进多媒体、多模态课堂教学效果；文本间性的研究对于语篇层面的语言学习非常重要，特别是在文学作品欣赏、话语分析、翻译及其研究中是一个重要的研究视角，文化间性的研究则有助于凸显外语教学的跨文化特性，有助于构建新型的高校英语教与学的文化，培养学生跨文化素养。

（一）基于主体间性的交互性教学原则

坚持主体间性的语言观和外语教学观有助于还原外语教学的本真特点。主体间性所提供的新的哲学范式和方法论原则，将对英语教学的目的、过程和师生关系等产生积极而深远的影响。在英语教学活动中，教师和学生是活动的主体，以课程、教材及其他教学资源为载体的教育内容构成他们共同作用的客体，其实践结构的模式是"教师—教育内容—学生"。

主体间性理论的实质是主体交互性，目前我国高校英语教学中普遍遵循的"教师主导—学生主体"（即以教师为主导、以学习者为中心）的教学原则就是主体间性理念的重要体现。一方面，主体间性理论强调主体间的主观性和能动性，重视文化深层交流中体现出来的人性（如和谐、平等和互相尊重）；另一方面，主体间性理论并非完全否认主体性，而是认为主体性应该建立在主体间性的基础之上，因此，在教学中既要强调主体互动，又要注意学习者个性差异。教育活动是学生的主体性和主体间性的统一。

师生之间应该以平等、自由、相互理解、默契合作为出发点，通过平等性和指导性共融、共识性与创新性共融、差异性与共通性共融、交互性与发展性共融等机制，构建动态的、健康的师生关系。这就要求教师首先要转变教学观念，尊重学生主体地位，突破传统的教学认识论，确立"主体交流—主体参与—活动—发展"的现代教学观念，不断探索和适应教师的多元化角色；同时，要求教师根据交互性教学原则，改进教学内容和组织方式，创新教学方式和手段。如今，民主的课堂、多元的主体、丰富的教学活动等已经成为教师进行教学设计的基本观念。

　　主体间性视阈下，师生主体的定位至关重要。共治（collegiality，或称"分享权力"）和团队合作（teamwork）是教师最需要的文化价值观。教师首先需要关心的不是在教学中使用什么样的新媒体，而是如何同时发挥教师自身主体作用和学习者的主体作用，如何与学习者主体分享话语权、知识和经验，共同协作完成教学目标，对于媒体的规划和应用，只是为了实现团队合作的效益最大化。在肯定交互性、协作型学习价值的同时，并不排除学习者独立发展新知识的可能性，因为分布式认知和个体认知在有效的学习过程中是相互作用的。基于学习的建构性特征可知，学习是累积式的，学习者通过旧知识和已有的技能，不断发展和建构新知识、新技能；同时，学习具有个性差异，体现在学习者的能力、学习观念、学习风格和策略、学习兴趣和动机、自我效能感的信仰和情绪等多方面，教学中必须充分考虑这些个体差异。

　　教师和学生的角色相辅相成。宏观上，教师要做"教学的主导者"，相应地，学生要成为"学习的主体"；教师要做"自我创新者"，而学生则要做"自主管理者"和"有创新能力者"；在信息技术与英语课程整合的情况下，教师要做有效的引导者和启发者，而学生应做自主学习者、协作建构者。微观上，教师在课前是课程设计者和开发者，而学生应做"知识探求者"；在课堂上，教师应做"学生能力培养者""课堂活动组织者""学习策略培训者"和"学习过程评价者"，而学生应做"能力锻炼者""课堂活动参与者""学习策略实践者"和"学习过程表现者";在课后,教师应做"协助者"和"学习资源提供者",而学生应做"学习的巩固者"和"学习资源的有效利用者"。

在教学过程中,学生作为发展的主体,除了与教师之间以共同的教育内容为中介而建立的"主体—主体"的交往关系外,与教育内容之间的"主体—客体"的对象性关系,就是学生的学习活动。在学习活动中,通过主体客体化和客体主体化的双向环节,学生在认识和改造教育内容的同时,也在建构自身的知识体系。换言之,受教育者不是把自己的意志强加给文本,也不是对文本固有意义进行认知或构造,而是把文本由客体变成主体,并与之对话。通过与文本的对话,受教育者实现自我视界与文本视界的融合,从而拓展自己的视界,形成一种新的视界。

交互性原则不仅是一个教学组织原则,能够反映一名教师的教育理念和课堂教学方法,它也是一个学习行为原则,能够反映学生的学习理念和有效学习的策略。

(二)基于媒体间性的多模态教学原则

探讨媒体间性,有利于课堂教学媒体、模式和模态形式的创新。媒体间性本身不是一个新生事物,随着新媒介时代的到来,媒介融合(media convergence)日益深化,人们越来越关注媒体间性的研究。

媒体间性通常有三层含义:第一,指不同媒体的综合与配合,即多媒体;第二,指同时运用几种模式的交流,即多模态;第三,指具有构件属性的媒体之间相互融合、相互依赖的关系。因此,多媒体、多模态、超文本性(Hypertextuality)等都是媒体间性的重要体现,它们改变着人类关于识读能力的界定标准,因而也改变着教学理念、教学手段和教学方法。新媒介为学生创造了无处不在的学习环境和立体化、数字化的"泛在学习"模式,为课堂教学注入了新的活力,强化了学习意义系统,扩展和改善了人际社会互动,构建了丰富的学习生态环境和学习文化。

新媒介技术支撑下的教学系统不是一个孤立和封闭的系统，而是一个开放和动态的系统。在教学媒体要素的强烈作用下，教学系统各大要素都融入了一定的技术因素，使得教学系统更加复杂和多变，也正是现代教学系统的这种复杂性和多变性为高校英语教育教学改革创造了宽阔的发展空间。在这些复杂的教学系统要素交互关系中，需要特别强调的是师生之间、生生之间的有效交流和学生对于技术的灵活运用。师生之间、生生之间的多重交流一方面体现在课堂内师生之间和学生之间的直接对话与间接对话，如体态语言或眼神的交流，这种对话通常是即兴的、随性的，但也是最真实的，正是这种真实的交流促进了学生对教学内容的深层次理解，也促进了学生独立构建语义网络的能力以及协作共进的素养；另一方面，由于计算机网络技术在高校英语教学中的普及，基于网络的真实或虚拟的师生交流、学生之间的交流互动以及学生的自主学习大大拓宽了教学的边界，成就了学生的个性化学习成长，培育了学生的团队意识和合作精神。

　　新媒体对高校英语教学的影响是多层面的，体现在教和学的各个方面，教师必须与时俱进，既要积极探索多媒体、多模态的教学，也不能盲目夸大媒体的作用。因为新媒介时代的教学设计很容易把技术作为中心而忽略了学习的中心地位，以技术为中心的设计，侧重于技术能够做什么，技术是教学的工具，其目标是使用技术辅助教学；而以学习者为中心的设计，关注的是学习者大脑学习的机制，技术是学习的助手，其目标则是运用媒体技术促进学习。

　　多媒体学习认知理论根据认知科学关于工作记忆、长时记忆等的研究发现，提出了多媒体学习的双模加工（dual channels）、能力有限性（limited capacity）、积极加工（active processing）三个重要假设，认为人们对语言和视觉图像的加工各自独立，一次只能对有限的声音或者图像进行加工，有意义的学习依靠积极、恰当的选择、组织和集成等认知处理。根据多媒体学习认知理论，在教学设计中，一是要遵循连贯性、侧重性、冗余性、空间连续性、时间连续性等原则，消除与学习目标无关的认知过程；二是要采取分段原则、预演原则和模态配合原则，管理好呈现学习材料的心理过程及材料内在复杂性等认知过程；三是要采取多媒体原则和个性化原则，通过组织、集成等深层认知，促进产出性认知过程。多媒体学习认知理论对于多模态英语教学具有重要的指导意义。

多模态化不仅是教学媒体的表征，更是交互性原则和跨文化原则在教学实践中的实现。多模态教学极大地丰富了英语教学资源，拓展了意义表达的方式，促进了教师角色的多元化和教学资源的数字化。信息技术的不断更新，使学生可以选择在学校网络自主学习中心的多媒体机房、语音教室、校园局域网、网吧等多媒体环境下进行学习，为学生创造了立体化、数字化学习环境。教师必须与时俱进，积极探索多媒体、多模态的教学与研究。

在经济全球化、交流信息化、文化多元化和语言多样性的背景下，新的交际媒体正在重塑我们使用语言的方式。为了适应现实生活、学习、工作的数字化需要，学生要熟练地进行多模态的交流，要学会运用多媒体收集和分析信息，还要学会运用故事、报告等不同的文体以及书面、视觉、口头、色彩等多种模态，开展有意义的数字化学习和交流。数字化交流远远超越了传统的文字和文本模态，还包含静态图表、画面、动画、色彩、音乐、录音等。多模态化是数字化英语教学的重要特征。高校英语教学面临着向数字化、多模态的教学转型。

（三）基于文化间性的跨文化教学原则

在世界经济全球化、交流信息化、文化多元化、语言多样性的时代背景下，外语教育政策是国家语言战略的重要组成部分。自20世纪80年代以来，高校英语课程在我国教育中的地位充分反映了我国改革开放政策的坚定性和连续性。

文化间性作为跨文化哲学的重要范畴，表现出多元文化的共存、交流互识和意义生成等特征，是一种非常复杂的既基于语言又超越语言的隐形间性。高校英语教学中，不仅要把文化间性的原则贯穿在基于主体间性的教学理念、教学模式和教学方法中，还要根据媒介间性，通过媒体创新，推动文化交流、传播及多重文化资源开发利用。例如，随着数字化移动通信工具在高校学生交流和学习中的普及，过去课堂教学中曾经被视为干扰物而被教师强令关机或静音的手机，现在却随着"微博""微信"等新媒体平台的诞生而应用于课堂交流与互动。这个例子表明，手机作为一种媒体，过去仅仅用来打电话、发短信等，所以在课堂上被禁止使用，但随着"微博""微信"等新媒体的应用，手机就不仅是一个电话、短信交流的载体，而变成了一种有效的教学互动工具。在这里，"手机"媒体被赋予了新的内涵，不仅成为一种新的信息表达和交流的模式，还改变了教师的教学理念、教学模式、教学方法，促进了课堂互动的学习文化。

　　跨文化性也是高校英语课程教学的固有属性，它不仅体现在课程设置、教学计划、教学组织、教学资源建设等方面，也体现在学生的学习内容、交流方式和社团活动等方面，既能反映一个学校的文化风貌，也能反映一名教师的跨文化素养和教学水平，更有助于培养学生的跨文化交际意识。

（四）基于语言间性的英语教学原则

　　高校英语课堂教学除了应该遵循上述交互性教学原则、多模态教学原则、跨文化教学原则外，高校英语的课程性质以及高校英语教学研究的学科属性决定了其必须遵循外语基本教学原则，如基于中介语、母语迁移等二语习得理论的教学原则。

（五）基于间性整合的教育生态学原则

正如陈坚林教授接受"信息技术与外语课程的生态化整合"专访时所说，随着基于计算机和课堂的高校英语教学模式的普及，仅仅运用建构主义已经很难解释信息技术进入英语教学领域后究竟如何发挥其强大功能的问题[①]。比如，当我们使用信息技术进行英语教学时，设备突然出现故障，信息技术这时无法发挥功能了，对于这种状况，建构主义是解释不了的，这就要求研究者为信息技术与外语课程的整合找到更合适的理论基础。生态学理论就是一种重要的理论依据。

教育生态学（Educational Ecology）是教育学和生态学相互渗透的结果，是依据生态学的原理，特别是生态系统、生态平衡、协同进化等原理与机制，研究各种教育现象及其成因，进而掌握教育发展的规律、揭示教育的发展趋势和方向的一门学科。教育生态学规律是以生态学观点来研究教育与外部生态环境之间，以及教育内部各个环节、各个层次之间本质的必然的联系的，主要包括迁移与潜移规律、平衡与失调规律、竞争机制与协同进化规律等。

把生态学原理和方法运用到高校英语教学和研究中，对构建真实的课堂，具有重要的方法论意义。课堂是一个生态系统，它由教师、学生、教学事件和环境等组成。根据主体间性哲学观，课堂生态主体与课堂生态环境、课堂生态主体与课堂生态主体之间发生着各种各样的联系，使课堂形成一个有机的生态整体。生态化的课堂是充满着生机与活力的课堂，这样的课堂具有整体性、协变性和共生性等基本特征，发挥着滋养、环境参照、动力促进和制度规范等生态功能。探索有效的高校英语课堂教学，应当综合运用主体间性、媒体间性、文化间性、语言间性等不同的认识论、方法论，探索强化课堂效果的各种生态功能。

---

① 孙丰果，齐登红.外语教育技术学的理论基础：信息技术与外语课程的生态化整合——陈坚林教授访谈录[J].山东外语教学，2012，33（06）：8-11.

高校英语多模态教学的理想状态应当是生态化的教学。高校英语多模态教学应当综合运用间性理论、教育生态学、建构主义学习理论等，遵循交互性教学原则、多模态教学原则、跨文化教学原则及二语习得理论教学基本原则，构建一个多元、动态、系统的高校英语生态化教学模式，全面整合、协调多媒体网络与高校英语教学各个要素的生态平衡，全力推进高校英语教学改革，实现多媒体网络环境下高校英语教学效能的最大化。

数字化学习（E-Learning）、泛在学习（U-Learning）等模式，为高校英语课堂教学注入了新的活力，为师生开展各类以语言输出为驱动的、真实的、有意义的教学活动提供了优良的技术条件，有助于开展有效的生态化课堂教学。同时，网络教学条件下，学生可以通过情境学习（situated learning），培养语言交际能力、思辨（critical learning）能力、"以文成事"（to do things with English writing）能力和社会责任感，以适应未来的生活、工作需求。

第二节　教育学与心理学理论

一、高校英语教学研究的学科定位

外语教学的实践一再证明，语言教育是一个由各要素组成的多层面立体结构，除语言这个要素外，还直接与教育学、心理学、社会学等直接相关，涉及教材、教师、学生、教学目标、组织管理等诸多内容，远非语言学所能涵盖或取代的。基于"教育学—各学科的教学—外语教学"这样的路线图，外语教育应当归属于教育学，而不能简单地把外语教学划入应用语言学的范畴。把外语教学纳入教育学的范畴，出发点是教育实践，重点是语言在教学过程中所起的作用，正是这些重要特征使得教育语言学成为一门独立的学科。从教育语言学的理论视角研究高校英语

当代高校英语多模态教学理论研究

教育教学，无论在理论上还是在实践中都更具合理性。

鉴于外语教学的教育语言学学科属性，在研究中重点从教育学学科领域寻找高校英语教学研究的理论基础，特别是教育学、心理学、课程与教学论以及其他与教育学整合而形成的交叉学科理论，如教育心理学、教育生态学和外语教育技术学。

二、教育生态学理论

教育生态学是 20 世纪 70 年代中期兴起的一门新学科，它是教育学和生态学相互渗透的结果，是研究教育与其周围生态环境之间相互作用的规律和机理的科学。其主要观点包括整体、系统、联系、平衡、动态等，强调全面、系统地思考教育教学过程中的各个因素，发现并解决教学中存在的宏观与微观的生态失衡问题。它强调教育生态系统平衡的视角认识与理解教学目标、教学结构与教学方式，主动调控教学中各个要素在系统中的生态位，确保教学能够良性运转，充分发挥教学的多维效益；此外，还要深入探索教学本质及其运行机制，通过以教师为主导、学生为主体的范式，改变单向传授知识的传统教学模式，使教师和学生之间形成平等合作的关系。

生态学理论的关键在于系统中各要素在与周围环境相互作用时都必须找到其合适的生态位。然而，信息技术进入英语教学系统后，由于没有找到自己合适的生态位，使得英语教学目标、师生观念、教学内容、课程安排、管理方式和资源分配等发生了变化，导致英语教学中出现了诸多失调（mismatch）现象，并且打破了原有教学系统的和谐平衡状态。另外，在信息技术与英语课程整合以后，教学中还出现了很多对信息技术的误用（misuse）现象，包括对信息技术的过度使用、滥用和低值使用（underuse）等现象，而对信息技术的正确使用却相对较少。这些都表明，信息技术进入英语教学系统以后，其功能开发还相当落后，在教学中，超强的、直观的功能没有得到充分发挥。在这种情况下，要正确发挥信

88

息技术的作用，探索解决失调现象的方法，使教学系统重新归于和谐平衡，就必须跳出传统理论的框框，用生态学理论来重新审视英语教学。

陈坚林教授在一次接受专访中，提出要实现外语教学的动态平衡，就必须坚持以下两个基本原则[①]。

第一，稳定教学结构，兼容教学要素。

按照生态学理论，稳定与平衡相关，兼容与和谐相关，"稳定"是目标，而"兼容"则是实现目标的手段与方法。例如，外语教学中各要素构成了课堂教学完整的生物链。信息技术与外语课程整合后，信息技术就成为课堂教学生物链中的重要一环。要稳定教学结构，必须使信息技术与其他教学要素相互兼容、融合、配合，发挥其应有作用。如果信息技术与其他教学要素在实践中实现了融合，教学生物链能和谐地运转，教学结构就可以达到平衡和稳定。

第二，制约教学运转，促进个体发展。

一方面要对教学运转进行制约，另一方面则要促进学生的个体发展。这里的"制约"是手段，"促进"是目标。用生态学相关理论来说，外语教学系统中各要素都有其各自的生态位，都在各自的生态位上承担着一定的责任。但是，这些要素在发挥其角色作用方面，是有一定的限度的。现代信息技术条件下的外语教学，要想有效地促进学生（个体）的发展，就必须制约信息技术角色作用的发挥，尽量减少各种信息技术误用现象的出现，使信息技术始终沿着"规则"允许的轨道发挥作用并与其他要素相互兼容和配合。"制约"是为了更好地"促进"，而"促进"则是合理有效"制约"的必然结果。一句话，只有处理好"稳定"与"兼容"、"制约"与"促进"这两对辩证关系，外语教学才能在和谐的生态环境中自然健康地发展。

教育生态学理论对于建设高校英语网络自主学习中心也具有重要的指导意义。随着教育部关于高校英语网络化教学改革工程的深入，各高

[①]　陈坚林.计算机网络与外语教学整合研究[D].上海：上海外国语大学，2011：15.

校纷纷创建了高校英语网络自主学习中心，相关研究成果也不断涌现，但目前亟须从教育生态学的高度探讨高校英语网络自主学习的模式，有必要构建网络教育环境下的多模态英语学习模型。实验研究表明，各种交互（包括学习者与学习内容、学习者与教育者以及学习者与学习工具之间的交互）是积极型学习的核心要素。

计算机辅助语言教学进入了新的历史时期，英语教育工作者借助局域网、互联网进行语言教学，研究网络教育生态环境下英语教与学的问题，自然成为应用语言学研究的一个热点。网络教育不同于传统教育四面围墙的、封闭的生态环境，它所面临的是多种社会环境，因而教育的生态环境就显得非常重要。建构优良的网络教育生态环境，必须关注学习者的无意学习，激发学习者的学习动力，合理地保护、利用学习者的脑力资源，提高学习效果。可以结合高校英语自主学习中心建设，研究设计基于学生自主学习的网络教育生态环境模型，探索满足大学生交互式、个性化、自主式英语学习需求的途径和方法。

在高校英语网络自主学习中，网络教育生态环境模型的约束作用以及教育工作者的多角色网络引领，有助于加强高校英语网络自主学习中心的建设、管理和使用。

三、人本主义心理学

人本主义心理学追求"以人为本"和"以整体人为对象"的理论宗旨。因为人本主义心理学存在着与行为主义心理学和精神分析学派不同的理论旨趣和思维方法，所以，心理学界把人本主义心理学称为心理学中的"第三种势力"。人本主义学习理论的观点如下。

第一，人本主义学习理论强调人的价值，重视人的意识所具有的主观性、选择能力和意愿。

第二，人本主义学习理论认为，学习是人的自我实现，丰富人性的内涵。

第三，人本主义学习理论强调，学习者是学习的主体，应该得到尊重，任何正常的学习者都有能力教育自己。

第四，人本主义学习理论还提出，人际关系是学习者有效学习的重要条件，它在学与教的活动中创造了"接受"的氛围。

总之，人本主义心理学为高校外语教学提供了理论支持，强调以学生为中心，关注学生的需求和成长，提倡自主学习、合作学习和情感关怀，为高校外语教学提供了新的理念和方法。在实际教学过程中，教师可以运用人本主义心理学的理念，创新教学方式，提高教学质量，帮助学生更好地掌握外语技能，培养具备国际视野和跨文化交际能力的人才。

四、发生认识论

瑞士著名心理学家皮亚杰（J.Piaget）在 20 世纪 60 年代初提出并创立了发生认识论，综合运用哲学、心理学、逻辑学、生物学等基本理论，研究什么是知识、知识从何处来以及认识的形成条件等，着重探讨知识的个体发展和历史发展，目的是建立能综合个体发生资料和种系发生资料的一般认识发展理论。该理论试图以认识的历史、社会根源以及认识所依据的概念和"运算"的心理起源为根据来解释认识，特别是解释科学认识。发生认识论主要研究知识是如何形成和发展的。

发生认识论强调知识是学生在与现实世界互动过程中主动构建出来的。在高校外语教学中，教师应引导学生参与真实、有意义的语言实践活动，鼓励学生在实际语境中运用外语进行沟通，以提高学生的语言技能。此外，教师还可运用任务型教学法、情景教学法等教学方法，设计丰富多样的教学活动，激发学生的学习兴趣和动机。

发生认识论还强调学生的个体差异，主张教育应关注每个学生的特点和需求。在外语教学中，教师应充分了解学生的学习背景、水平和兴趣，采用个性化教学方法，满足学生的个体需求，促进学生的全面发展。

总之，发生认识论为高校外语教学提供了理论支持，强调学生的主动性、实践性和个体差异，有助于提高教学质量，培养具备国际视野和跨文化交际能力的人才。

五、认知负荷理论

认知负荷理论（Cognitive Load Theory，CLT）是继建构主义理论后又一个对教学起着重要指导作用的心理学理论。根据认知负荷理论，认知因式组织并储存人类知识，极大地减轻了工作记忆的负荷。而新信息必须在工作记忆区进行处理，以便建构图式点，经过反复成功地应用，图式就会自动化。在工作记忆区处理信息的轻松度是认知负荷理论最关注的问题。认知负荷理论认为教学的主要功能是使学生在长时记忆中存储信息。知识以图式的形式存储于长时记忆中。长时记忆中的图式是一种知识框架，在学习新的材料时，具有中央执行官（central executive）功能。在学习新材料时，如果能从长时记忆中获取这类知识框架，材料就可以通过知识框架所提供的方法来进行学习；如果不能获得关于这些材料该如何组织的知识框架，则须采取随机学习的方式。

认知负荷理论强调在教学过程中要关注学生的认知资源分配。过高或过低的认知负荷都会影响学生的学习效果。在高校外语教学中，教师应合理安排教学任务和活动，避免过多的信息和复杂的任务导致学生认知过载。

教师可以运用分阶段教学、分层次教学等策略，将复杂的语言知识和技能分解为简单的、易于理解的部分，有助于学生逐步掌握和内化。此外，教师还可以利用图表、示意图等辅助教学工具，减轻学生的认知负荷，提高学习效率。

认知负荷理论还强调学生的先验知识在学习过程中的作用。在外语教学中，教师应关注学生的先验知识，将新知识与学生的既有知识体系相联系，有助于提高学生的学习效果。

总之，认知负荷理论为高校外语教学提供了理论指导，强调合理安排教学任务，关注学生的认知资源分配和先验知识，有助于增强学生的学习效果，培养具备国际视野和跨文化交际能力的人才。

第三节 语言学理论

一、比较语言学

19世纪，在语言研究内部发展需求的推动下，在比较解剖学、生物进化学说等自然科学以及其他因素的影响下，语言学家开始将语言作为一个独立的对象进行研究，并形成了历史比较的研究方法，从而形成了语言学史上的第一个相对独立的学派——历史比较语言学。历史比较语言学是把两种或两种以上的语言放在一起加以共时比较，或把同一种语言的历史发展的各个不同阶段进行历时比较，以找出它们之间在语音、词汇、语法上的对应关系和异同的一门学科。利用这门学科，既可以研究相关语言之间结构上的亲缘关系，找出它们的共同母语，或明白各种语言自身的特点，对语言教学起到促进作用，又可以找出语言发展、变化的轨迹和导致语言发展、变化的原因。比较语言学起源于18世纪的欧洲，被广泛应用于19世纪印欧语的研究中，并获得了较大的成果。

比较语言学研究不同语言之间的相似性和差异性，有助于教师在外语教学过程中更好地了解学生所学习的外语与母语之间的联系与区别。这将有助于教师制订更有针对性的教学策略，减少学生在学习过程中出现的语言干扰现象。

通过对比较语言学的研究，教师可以发现两种语言之间的共性和规律，从而帮助学生更好地理解和掌握外语语法、词汇和语音等方面的知识。同时，教师还可以针对不同语言之间的差异，引导学生注意并克服这些差异带来的障碍。

此外，比较语言学的研究还有助于培养学生的跨文化交际能力。通过比较不同语言背后的文化差异，教师可以引导学生了解和尊重多元文化，增强学生在国际交往中的沟通效果。

总之，比较语言学为高校外语教学提供了理论支持，有助于提高教学质量，培养具备国际视野和跨文化交际能力的人才。

二、结构主义语言学

结构主义语言学认为语言是一个内部相对独立的、自足的抽象符号系统，关注语音、词素、单词、短语、句子等语言单位在整体符号系统中的地位，主要从共时角度对各语言成分之间的关系进行描述。索绪尔的结构主义语言学理论主要产生了下面两个影响。

（一）为现代语言学的研究指明了方向

索绪尔除了系统地阐述了语言的符号性质，明确了现代语言学的研究方向，还规定了语言学研究的任务，即把语言作为一个单位系统和关系系统进行共时的结构描写和分析，目的是揭示语言结构的共时特点和规律，从而认识语言的本质。在索绪尔结构主义语言学理论的影响下，20世纪二三十年代，语言学从历时研究转向了共时分析，语言学界不仅出现了结构主义的三大流派（哥本哈根学派、布拉格学派、美国描写语言学派），还启发和影响了其他学派（如伦敦学派、莫斯科学派以及后来的系统功能语法、生成语法学派等）。

（二）为现代语言学奠定了方法论基础

根据结构主义的基本理论，索绪尔对语言做出了几种相互关联的二分：语言和言语、共时和历时、内部和外部，并且提出语言各个层面的要素都存在着两种根本的关系，即对立与互补、组合与聚合。索绪尔的这些分析和思考不仅明确了语言研究的范围，而且确定了结构主义语言学的方法论基础。

结构主义语言学关注语言的内在结构和规律，强调语言是一个有组织的系统。在高校外语教学中，教师可以运用结构主义语言学的理念，将外语知识系统地进行讲解和教学，帮助学生更好地理解和掌握语法、词汇和语音等方面的知识。

通过结构主义语言学的研究，教师可以发现不同语言元素之间的关系和搭配规律，引导学生从整体和系统的角度学习和掌握外语。这有助于提高学生的语言运用能力。

此外，结构主义语言学的教学方法可以帮助学生形成良好的语言习惯。例如，通过模仿、练习和操练等教学活动，使学生在实际语言环境中不断巩固和运用所学知识。

总之，结构主义语言学为高校外语教学提供了理论支持，有助于提高教学质量，培养具备国际视野和跨文化交际能力的人才。

三、社会语言学

语言是人类社会的特殊现象及最重要的交际工具，语言离不开社会，语言学必然离不开社会学。人类语言的发展与社会发展密切相关、相互依存，语言不可能离开社会而独立存在，没有了语言人类社会就会停滞和崩溃。人类虽然有语言的生理本能，但离开了社会环境就会丧失这种本能，即语言习得也离不开社会。社会语言学就是研究语言及社会的相互关系、相互作用、相互影响的学科。它是指运用语言学和社会学等学科的理论和方法，从不同的社会科学的角度去研究语言的社会本质和差异的一门学科。社会语言学的观点是，语言的最本质功能是语言的社会交际功能。海姆斯认为，社会化的过程是一个儿童习得母语的最好环境，这不仅能使他们理解本族语的习惯并说出符合语法的句子，还能使他们在一定的场合和情境中恰当地使用语言。1996年，海姆斯提出了"交际能力"理论。他指出，交际能力是运用语言进行社会交往的能力，既包括言语行为的语法正确性，又包括言语行为的社交得体性；既包括语言能力，又包括影响语言使用的社会文化意识的言语能力。

社会语言学关注语言在社会环境中的使用及其与社会因素的相互关系。在高校外语教学中，教师可以运用社会语言学的理念，将外语知识与实际社会情境相结合，帮助学生更好地理解和掌握外语在现实生活中的应用。

通过社会语言学的研究，教师可以发现不同社会群体、地区和文化背景下的语言特点和变异，引导学生关注语言的多样性，提高学生的语言敏感性和适应性。

此外，社会语言学的教学方法有助于培养学生的跨文化交际能力。通过分析不同语言背后的文化差异和社会背景，教师可以引导学生了解和尊重多元文化，提高学生在国际交往中的沟通效果。

总之，社会语言学为高校外语教学提供了理论支持，有助于提高教学质量，培养具备国际视野和跨文化交际能力的人才。

四、二语习得理论

二语习得研究作为一个独立学科，大概形成于 20 世纪 60 年代末 70 年代初，研究主要涉及以下三大领域：中介语研究；学习者内部因素研究；学习者外部因素研究。每大类中又包含若干小类的研究对象，除了三个领域内的因素外，各大类之间的关系和各小类之间的关系也是研究的重点。

二语习得理论关注外语学习者在不同年龄阶段、心理状态和环境条件下的语言习得过程。在高校外语教学中，教师可以运用二语习得理论的研究成果，制订更有针对性的教学策略，提高教学效果。

通过对二语习得理论的研究，教师可以更好地理解学生在外语学习过程中的心理反应、认知机制和学习策略，从而为学生提供个性化的指导和支持，帮助学生克服学习障碍，提高学习效果。

此外，二语习得理论强调学习者的主动性和自主性，鼓励学生在真实语言环境中积极参与交际活动，提高语言运用能力。教师可以借鉴这一理念，设计更多交际型、任务型的教学活动，激发学生的学习兴趣和积极性。

总之，二语习得理论为高校外语教学提供了理论支持，有助于提高教学质量，培养具备国际视野和跨文化交际能力的人才。

五、中介语理论

中介语理论是在认知心理学的基础发展起来的。通过对学习者的语言偏误进行统计分析，研究者发现，母语相同的第二语言学习者在学习第二语言过程中，会犯一些类似的错误；同一第二语言学习者在一定的时期所出现的第二语言输出的错误有一定的规律；在学习的过程中，第一语言不同的第二语言学习者在习得某些语法结构时呈现出非常类似的顺序；等等。这种语言运用结果是由潜在的认知机制所引起的。

石化现象是普遍存在于中介语习得过程中的一种心理机制，与语言形式的正确性没有关系，换言之，正确的和不正确的语言形式都会石化。因此，石化不应是错误的语言形式的代名词。语言学习是一种认知行为，应遵循人类共同的认知规律，主要受语言迁移、训练迁移、第二语言学习策略、第二语言交际策略和目的语的过度笼统化五个方面心理认知机制的影响。石化现象的产生，既与特殊的社会文化环境有关，也与英语学习者本身素质相关联；既与固定模式化的教育体制和不恰当的教学方法有关，又与英语学习者的认知心理偏差相关联。学习过程中，内外因的共同作用导致了学习者大脑中语言知识的固化。为此，要用科学理性的眼光和宽容的态度，来看待学习者的语言错误，辩证地看待和理解中介语和中介语石化现象，这将有助于人类进一步认识控制石化现象的潜在的内部机制，提高二语教学效率。

研究还发现，汉语水平变量通过直接或间接路径对学习者的英语写作能力产生影响，其中汉语写作能力、汉语词汇能力和汉语语篇能力对英语写作影响显著。其次，英语水平在汉语能力变量向英语写作能力的迁移中起着制约作用。

中介语理论关注学习者在二语习得过程中形成的一种临时性、动态变化的语言系统。在高校外语教学中，教师可以运用中介语理论的研究成果，更好地理解学生外语学习过程中的发展阶段，制定更有针对性的教学策略。

通过对中介语理论的研究，教师可以发现学生在外语学习过程中的错误类型和习得规律，从而为学生提供及时、有效的反馈和指导，帮助学生更快地纠正错误，增强学习效果。

此外，中介语理论强调学习者的个体差异，使教师更加关注学生的个性化需求，为学生提供定制化的教学支持。教师可以设计更多针对不同水平和需求的教学活动，激发学生的学习兴趣和积极性。

总之，中介语理论为高校外语教学提供了理论支持，有助于提高教学质量，培养具备国际视野和跨文化交际能力的人才。

六、计算机辅助语言教学

计算机辅助语言教学（Computer Assisted Language Learning，CALL）是探索并研究计算机应用于语言教学的科学。从学科名称的发展看，它经历了三个发展阶段：从 CAI（Computer-Assisted Instruction）至 CALL 到 NBLT(Net-work-Based Language Teaching)o CAI 是 CALL 的初期阶段，NBLT 则是 CALL 发展的新阶段。

从语言教学技术与学习理论的融合来看，计算机从大型机发展到个人电脑再到现在的互联网，与此一致的是计算机辅助语言教学发展的三个阶段：行为主义（behaviorist）CALL、交际性（Communicative）CALL、综合性（Integrative）CALL。第一个阶段是以结构主义语言学为理论基础的 CALL 阶段，即 CAI 阶段；第二个阶段以建构主义学习理论和功能语言学为理论基础；第三个阶段是以网络为工具的计算机辅助语言教学，理论基础是社会认知语言学。社会认知论的代表人物有海姆斯、韩礼德，他们认为语言不是个人的附属，而是一个社会建构现象，合乎语法性与社会接受性不可分离，认知与交际相互依存，在外语教学上体现为交际法。基于这种教学观，计算机成了受指导者（tutee）。语言教育工作者在寻求把听、说、读、写等各种语言学习技巧结合起来的同时，也把技术和语言学习更充分地整合起来，学习者可以利用计算机程序，创设虚拟的语言学习环境，通过网络自主参与或组织学习活动，进行真实的语言交际。虚拟环境下的语言学习极大地拓宽了 CALL 的活动范围，NELT 研究也给 CALL 常见主题提供了新视角。

多媒体技术在我国高校英语教学中的应用和研究源远流长。20 世纪 70~80 年代，高校英语教师手提录音机到教室开展听力教学似乎是件新鲜事；90 年代初开始，高校语言实验室的普及大大促进了听力、口语、写作和翻译教学；90 年代末，网络语言实验室成为改善高校英语教学条件的主要标志；21 世纪以来，全国高校英语课堂教学几乎全部使用多媒体课室，同时，各校纷纷建立网络英语自主学习中心，形成了多媒体课堂教学与网络自主学习相结合的高校英语教学新局面。

计算机辅助语言教学（CALL）的发展表明，外语教学与教育技术应用之间的关系特别紧密，教育观念的更新与教育技术的发展之间呈现出相互作用、不断融合的态势。近年来，多媒体、多模态教学理论的探讨和应用，有力地推动了教育技术与外语整合的研究和探索，是外语教学研究的热点。

第四章　高校英语多模态教学课件的开发

第一节　多模态课件开发的理论基础

一、行为主义理论与高校英语教学

行为主义理论是 20 世纪初兴起的一种学习理论，它强调学习过程是一种可观察的行为变化，主要关注输入（刺激）和输出（反应）之间的关系。在高校英语教学中，行为主义理论主张通过有组织、有步骤的教学实践，使学生逐步形成正确的英语知识和技能。多模态课件开发可以借鉴行为主义理论，通过各种模态的有组织、有步骤的呈现，帮助学生逐步掌握英语技能。例如，在教授英语语音时，可以利用音频、图像等多种模态，让学生在模仿、重复的过程中形成正确的语音知识。

二、认知主义理论与高校英语教学

认知主义理论主张学习是一个信息处理的过程，强调内部心智活动在学习中的作用。在高校英语教学中，认知主义理论关注学生对英语知识的理解、记忆和运用。多模态课件开发可以借鉴认知主义理论，为学生提供丰富的知识表达方式，满足学生多样化的认知需求。例如，教师在教授英语词汇时，可以利用图像、文字、音频等多种模态，帮助学生形成词汇的多维认知，提高词汇记忆和运用的效果。

三、建构主义理论与高校英语教学

建构主义理论认为学习是一个主动、创造性的过程，学生在与环境的互动中构建自己的知识体系。在高校英语教学中，建构主义理论强调学生的主体地位，倡导以学生为中心的教学模式。多模态课件开发可以借鉴建构主义理论，为学生提供丰富的学习资源，激发学生的学习兴趣和创造力。例如，在教授英语写作时，可以利用视频、动画等多种模态，让学生参与到实际情境中，自主发现、探究英语写作的技巧。

四、多模态符号理论与高校英语教学

多模态符号理论关注语言、图像、音频等多种符号在交际中的协同作用。在高校英语教学中，多模态符号理论为教学提供了更加丰富和多样化的表达方式，帮助学生更好地理解和掌握英语知识。多模态课件开发可以借鉴多模态符号理论，整合各种符号资源，为学生提供多元化的学习体验。例如，在教授英语阅读时，可以利用文字、图像、音频等多种模态，帮助学生形成立体的文本认知，提高阅读理解能力。

综上所述，多模态课件开发的理论基础涉及行为主义理论、认知主义理论、建构主义理论和多模态符号理论。这些理论为高校英语教学提供了有力的支持，指导着多模态课件的设计和应用。在实际教学过程中，教师应灵活运用这些理论，针对教学内容和学生特点，选择合适的模态，增强教学效果。同时，教师还需关注学生的个体差异，调整教学策略，确保多模态课件能够满足不同学生的学习需求。

第二节　多模态课件的逻辑媒介

一、视觉模态的逻辑媒介

视觉模态是多模态课件中最常见的一种模态，它通过图像、文字、颜色等元素传达信息。视觉模态的逻辑媒介在高校英语教学中的应用主要包括以下几个方面。

（一）图像

图像是视觉模态中最直观的表现形式，能够形象地展示具体事物或抽象概念。在高校英语教学中，教师可以运用图像展示单词、短语、句子的含义，辅助学生理解语言材料。此外，通过使用地图、图表、实物图片等，可以帮助学生更好地理解文化背景和语境。

（二）文字

文字是英语教学中不可或缺的元素，具有较高的信息含量。在多模态课件中，教师可以运用文字描述语言知识，解释语法规则，引导学生进行阅读和写作等活动。同时，文字可以作为注释、提示等，辅助学生理解图像、音频和视频等其他模态信息。

（三）颜色

颜色可以引起学生的注意，激发学生的学习兴趣。在课件设计中，教师可以运用不同的颜色区分重点和难点，突出关键信息，同时还可以调整课件的视觉效果，营造轻松愉快的学习氛围。

（四）布局和结构

合理的布局和结构能够使课件更加清晰、有条理。教师可以根据教学内容和目标，设计合适的页面结构，将视觉元素有序地组织起来，帮助学生快速捕捉信息，提高学习效率。

二、听觉模态的逻辑媒介

听觉模态是多模态课件中重要的一种模态，它通过声音、音乐、语言等元素传达信息。听觉模态的逻辑媒介在高校英语教学中的应用主要包括以下几个方面。

（一）声音

声音是听觉模态的基本元素，能够传递丰富的信息。在高校英语教学中，教师可以利用声音模仿英语发音，让学生感受英语的音韵特点。通过使用各种发音练习、语音教学软件等，学生可以在听觉上掌握英语发音技巧和语言节奏。

（二）音乐

音乐在多模态课件中起到渲染氛围、激发兴趣的作用。在高校英语教学中，教师可以运用音乐帮助学生记忆单词、短语和句型，提高学习效果。此外，通过引入英语国家的流行音乐、歌曲等，可以让学生感受到英语学习的趣味性和生活化。

（三）语言

语言是听觉模态的核心元素，负责传递语言知识。在多模态课件中，教师可以运用语言解释课程内容，讲解语法规则，引导学生进行听力、口语等活动。此外，通过播放英语电影、电视剧等原声素材，可以帮助学生提高听力水平和跨文化交际能力。

三、动觉模态的逻辑媒介

动觉模态在多模态课件中较为特殊，主要通过动画、视频等元素展示动态信息。动觉模态的逻辑媒介主要包括以下几个方面。

（一）动画

动画是动觉模态的典型表现形式，能够形象生动地展示动态过程。在高校英语教学中，教师可以运用动画演示语言知识的运用，帮助学生理解语言结构、单词发音等方面的知识。

（二）视频

视频有很高的信息含量，可以为学生提供真实、生动的学习材料。在多模态课件中，教师可以运用视频展示英语国家的文化、风俗等内容，提高学生的跨文化交际能力。

四、逻辑媒介的组合关系

在多模态课件中，不同模态之间的组合关系对于信息传递和学生学习效果至关重要。逻辑媒介的组合关系主要包括以下几个方面。

（一）互补关系

不同模态之间可以相互补充，弥补各自的不足。例如，视觉模态可以展示文字、图像等静态信息，而动觉模态则能够展示动态过程；听觉模态可以传递声音、音乐等信息，增强课件的感染力。

（二）协同关系

不同模态之间可以相互协作，共同传递信息。例如，在教授英语发音时，教师可以运用 ChatGPT 等模态展示发音图示，同时通过听觉模态播放发音示范，帮助学生更全面地理解和掌握发音技巧。

（三）整合关系

不同模态之间可以相互整合，形成统一的信息结构。在多模态课件中，教师需要充分考虑各个模态之间的关系，确保课件的逻辑性和连贯性。例如，在讲解一个语法规则时，教师可以运用视觉模态展示语法规则，同时通过听觉模态讲解实例，最后通过动觉模态呈现实际应用场景，使学生更好地理解和掌握语法知识。

通过合理地组织和搭配逻辑媒介，教师可以充分发挥多模态课件的优势，提高高校英语教学效果。在设计和制作多模态课件时，教师需要根据教学内容和目标，灵活运用各种逻辑媒介，创造出具有针对性、实用性和趣味性的教学资源。

综上所述，多模态课件的逻辑媒介在高校英语教学中具有重要作用。通过合理运用视觉、听觉、动觉等模态，教师可以更有效地传递教学信息，激发学生的学习兴趣，提高学习效果。在设计和制作多模态课件时，教师需要充分考虑各个逻辑媒介的特点和功能，灵活搭配各种模态，创造出有针对性、实用性和趣味性的教学资源。同时，教师还需要关注不同逻辑媒介之间的组合关系，确保课件的逻辑性和连贯性，为高校英语教学提供有力支持。

第三节　多模态课件的模态选择原则

在高校英语教学中，多模态课件的模态选择原则对于提高教学效果至关重要。根据高校英语教学的特点，本节将探讨多模态课件的模态选择原则，包括有效原则、适配原则和经济原则。

一、有效原则

有效原则要求教师在选择模态时务必关注其对教学效果的影响，避免无效使用模态或产生负效应。在高校英语教学中，有效原则可以具体体现为以下几点。

（一）有助于理解和记忆

选择的模态应有助于学生更好地理解和记忆英语知识。例如，通过图像、音频、视频等多种媒介呈现英语单词、语法规则和语境，有助于学生加深对知识的理解和记忆。

（二）创设真实语境

选用的模态应有助于为学生创设真实的语言交际场景。例如，通过角色扮演、情景模拟等活动，结合多种逻辑媒介为学生提供丰富的语境，增强学生的交际能力。

（三）激发学习兴趣和动机

选择的模态应能吸引学生的注意力，激发学生的学习兴趣和动机。例如，采用游戏化、任务化的教学方式，利用多种媒体资源提高课堂互动性，从而增强学生的学习积极性。

二、适配原则

适配原则要求教师在选择模态时注意不同模态之间的相互配合，以达到最佳的教学效果。在高校英语教学中，适配原则可以具体体现为以下几方面。

（一）强化关系

教师可以通过选择不同的模态强化某一模态所表达的信息。例如，在呈现英语单词时，通过视觉、听觉和动觉等多种模态的互动，强化学生对单词意义和发音的理解。

（二）协调关系

教师应充分利用多模态之间的协调性，确保各种模态能够有效地支持英语教学。例如，在讲解英语文章时，教师可以运用文字、图片、音频等多种模态，使学生能够从多个角度理解文章内容。

（三）前景背景关系

教师应关注多模态课件中前景和背景的关系，确保教学内容在合适的语境中进行。例如，在讲解英语文章时，通过图片、音频、视频等多种模态提供背景信息，有助于学生更好地理解文章的主题和情境。

（四）整体部分（抽象具体）关系

教师应注意在多模态课件中整体和部分的关系，以及抽象和具体的关系。例如，在讲解抽象的文化概念时，教师可以利用图片、视频等具体的媒介形式，使学生更清晰地理解抽象概念。

三、经济原则

经济原则要求教师在选择模态时兼顾资源投入和教学效果之间的平衡，避免过度依赖某一模态或过多使用模态。在高校英语教学中，经济原则可以具体体现为以下几方面。

（一）合理分配资源

教师应根据教学目标和学生需求，合理分配多模态课件的制作和使用资源。例如，在课件制作过程中，教师可以根据教学内容的重要性和难度，合理安排文字、图片、音频等多种模态的比例和分布。

（二）避免冗余和重复

教师应关注多模态课件中模态之间的关系，避免不必要的冗余和重复。例如，在呈现英语单词时，教师应避免多种模态重复提供相同的信息，以免浪费教学资源和学生的学习时间。

（三）保持教学简洁性

教师应在保证教学效果的前提下，尽量简化多模态课件的结构和设计。例如，在讲解英语语法规则时，教师可以通过简洁明了的图表、示例和练习，帮助学生快速掌握关键知识点。

综上所述，高校英语教学中多模态课件的模态选择原则应遵循有效原则、适配原则和经济原则，以提高教学效果，满足学生的学习需求。教师应根据具体教学目标和学生特点，灵活运用多种模态，创设丰富多样的教学场景，激发学生的学习兴趣和动机，从而提高高校英语教学质量。

第四节　多模态课件辅助的多模态学习

一、高校英语教学的多模态课件需求

随着信息技术的发展，多模态课件已经成为高校英语教学的重要辅助手段。多模态课件通过整合文字、图片、音频、视频等多种媒体形式，使学习过程更加丰富多样，有助于提高学生的学习兴趣和效果。然而，要充分发挥多模态课件在高校英语教学中的优势，必须深入研究多模态学习的特点和规律，合理设计和开发多模态课件，以满足高校英语教学的需求。

二、高校英语教学多模态课件的设计原则

在高校英语教学中，多模态课件设计应遵循以下原则。

（一）学习者中心原则

课件设计应关注学习者的需求，以提高学习者的学习兴趣、激发学习动力为目标。根据学生的认知水平、学习习惯和兴趣爱好，选择合适的媒体形式和内容，使课件具有较高的吸引力。

（二）互动性原则

多模态课件应注重与学习者的互动，使学生在学习过程中充分参与和体验。通过设置互动任务、讨论、问答等环节，激发学生的思考，提高学习效果。

（三）合成性原则

多模态课件应综合运用各种媒体资源，将文字、图片、音频、视频等有机结合，形成统一的教学内容。同时，课件中的各种媒体元素应相互支持、协调一致，以避免信息过载，确保学习效果。

（四）可调整性原则

多模态课件应具有较好的可调整性，以适应不同学习者的需求。教师可以根据学生的认知水平和学习进度，对课件的内容、顺序、难度等进行调整，使课件更贴近学习者的实际需求。

三、高校英语教学多模态课件的开发步骤

为满足高校英语教学的需求，多模态课件的开发应遵循以下步骤。

（一）需求分析

分析学习者的需求，明确课件的目标，为课件设计提供依据。这一阶段需要对学生的英语水平、学习习惯、兴趣爱好等进行调查，以便为后续设计提供有针对性的建议。

（二）内容设计

根据需求分析，选定合适的教学内容和媒体形式。在这一阶段，教师需要对教材进行整合和梳理，确保课件内容符合教学大纲和学生需求。

同时，选择适合的文字、图片、音频、视频等媒体资源，形成多模态教学内容。

（三）界面设计

设计课件的界面布局和风格，使之简洁、美观、易于操作。在这一阶段，教师需要关注课件的颜色搭配、排版布局、导航设计等方面，使课件具有较高的视觉效果和操作便利性。

（四）互动设计

设置合理的互动环节，提高学习者的参与度和学习效果。教师可以根据教学内容和学生需求，设计不同类型的互动任务，如问答、讨论、游戏等，使学生在学习过程中充分参与和体验。

（五）课件制作

利用多媒体制作工具，将设计好的内容、界面和互动环节整合为多模态课件。在这一阶段，教师需要熟练掌握各种多媒体制作技术，确保课件的制作质量。

（六）课件测试与修订

在实际教学中对课件进行测试，评估课件的有效性，并根据反馈进行修订。这一阶段，教师应邀请同行、学生等参与评估，以便发现课件的不足之处，进行针对性的修改和优化。

四、高校英语教学多模态课件的应用实例

为了进一步说明多模态课件在高校英语教学中的应用，以下是一个具体的教学实例。

课程名称：英语口语

课件目标：帮助学生掌握日常生活中的基本口语表达，提高口语交际能力。

课件内容：课件内容涵盖日常生活中的各种场景，如购物、交通、餐饮等。每个场景包含一系列相关的对话和词汇，配以生动的图片和音频，帮助学生理解和记忆。

课件互动：课件中设置了多种互动任务，如情景对话练习、口语表达小游戏等，使学生在学习过程中能够积极参与，提高口语实践能力。此外，课件还设置了在线讨论区，鼓励学生相互交流和分享学习心得。

课件界面：课件采用清新、简洁的界面设计，色彩搭配和谐，排版布局整齐，导航清晰易懂，便于学生快速找到所需内容。

课件制作：教师利用专业的多媒体制作软件，将设计好的内容、界面和互动环节整合为一体，形成完整的多模态课件。

课件测试与修订：在实际教学中，教师对课件进行测试，收集学生和同行的反馈意见，根据评估结果对课件进行修订，以提高教学效果。

多模态课件在高校英语教学中具有较高的实用价值。它不仅能够提供丰富、多样的教学资源，还能激发学生的学习兴趣，提高学习效果。

随着信息技术的快速发展，多模态教学逐渐成为教育领域的热点。在高校英语教学中，多模态课件可以有效地整合多种媒体资源，为学生提供丰富的学习材料，激发学习兴趣，增强学习效果。为了更好地运用多模态课件进行教学，教师应当深入研究多模态理论，掌握多媒体制作技能，并结合实际教学需求，设计和制作符合学生需求的多模态课件。

总之，多模态课件作为一种创新的教学手段，为高校英语教学带来了新的机遇和挑战。教师应当抓住这一机遇，不断提升自身能力，为学生提供更高质量的教学服务。同时，教育部门和研究机构也应当加大对多模态教学的研究和支持力度，推动高校英语教学改革与发展。

第五节 多模态课件开发的建模

随着教育技术的不断发展，多模态教学已逐渐成为高校英语教学的一种重要方法。多模态课件作为多模态教学的重要组成部分，有助于提高教学质量、丰富教学手段。为了更好地利用多模态课件进行高校英语教学，本节将从多模态课件开发的建模方面进行探讨，以期为高校英语教师提供一种实用的课件开发方法。

一、多模态课件开发模型的构建

多模态课件开发模型应遵循"以学生为中心"的教学理念，关注学生的需求和兴趣。同时，教师应充分利用多种教学资源，通过多种表现形式呈现教学内容，提高学生的学习兴趣和动力。基于此，本研究提出了一个多模态课件开发模型，包括以下五个步骤。

（一）需求分析

分析高校英语教学的需求，包括学生的学习需求、教师的教学需求以及课程体系的需求。需求分析是多模态课件开发模型的基础，有助于确定课件的目标、内容和形式。

（二）教学目标与内容设计

根据需求分析的结果，明确多模态课件的教学目标，选择合适的教学内容。在设计教学目标时，要注重培养学生的综合素质，强调知识、技能和情感态度的整合。同时，教学内容应具有趣味性和实用性，能激发学生的学习兴趣。

（三）教学策略选择

选择适合多模态教学的教学策略，如任务型教学、合作学习、探究式学习等。这些教学策略可以鼓励学生积极参与课堂活动，培养学生的自主学习能力和团队合作精神。

（四）多模态资源整合

根据教学目标和内容，整合多种教学资源，如图片、音频、视频、动画、文本等。这些多模态资源可以丰富教学手段，提高教学效果。在整合资源时，要注意资源的选择和搭配，使之既能满足教学目标，又能吸引学生的注意力。

（五）课件制作与评估

运用专业的课件制作软件，将多模态资源有机地组织起来，形成具有教学功能的多模态课件。在制作过程中，要关注课件的美观性、易用性和互动性，以便提高学生的学习体验。完成课件制作后，应进行评估与修订，确保课件能够达到预期的教学效果。

二、多模态课件开发模型的应用实例

以一堂高校英语写作课为例，运用上述多模态课件开发模型进行课件设计。

（一）需求分析

针对高校英语写作课的特点，分析学生的写作需求、教师的教学需求和课程体系的需求。通过调查发现，学生普遍希望提高写作能力，教师期望提高教学效果，课程体系强调写作技能的培养。

（二）教学目标与内容设计

明确课件的教学目标为提高学生的写作能力，选择议论文写作为教学内容。在设计教学内容时，要注意结构清晰、示例丰富、实用性强。

（三）教学策略选择

选择任务型教学策略，设计多种写作任务，引导学生在完成任务的过程中掌握议论文写作的技巧。同时，设置合作学习环节，鼓励学生相互交流、共同进步。

（四）多模态资源整合

收集与议论文写作相关的图片、音频、视频等多模态资源，如议论文结构示意图、名家讲座音频、优秀议论文范文等。在整合资源时，要注意资源的质量和适用性，确保资源能够支持教学目标的实现。

（五）课件制作与评估

利用课件制作软件，将多模态资源有序地组织起来，形成一套具有教学功能的多模态课件。在制作过程中，关注课件的设计风格、界面布局和操作流程。完成课件制作后，邀请教师和学生对课件进行评估，根据评估结果进行适当的修订，确保课件能够满足教学需求。

第五章　高校英语多模态教学模式的构建

第一节　高校英语多模态教学的调控作用

一、高校英语课堂教学中多模态文化语境构建

随着人类进入社会符号多模态化的时代，语言符号的形式变得多样化，人们越来越趋向于以多模态化的表达方式呈现自我和交流。在此背景下，有必要构建多模态化的高校英语教学模式，以适应多元交际的需要和学生自身对多模态识读能力的需要。

（一）基于文化语境培养语用能力

语言是社会符号的一部分。社会符号是由许多意义系统符号构成的文化或社会现实。语言只是其中的一种典型的符号系统，语言以外的其他系统符号，如绘画、雕刻、音乐、舞蹈等，与语言系统交织在一起，共同为交际提供丰富的意义资源。随着多元文化的相互渗透和科学技术的广泛应用，语言符号的形式越老越多样，而图像、颜色、声音等符号越来越频繁地借助于各种模态的媒体参与到现代交际中，正在和语言符号一起合力构建意义。包括语言在内的各种符号系统既相互独立又相互作用，他们合力生成多模态意义，没有哪个单一的符号能够被孤立地完全理解。因此，基于交际自身的多模态性，仅从纯语言的角度研究声波传导的声音符号和由笔生成的书写符号已经无法对动态交际中的多模态话语进行全面的描写和分析。多模态话语理论不仅以新的视角揭示了交际规律，而且为语言教学带来了新的启示。

基于多模态话语分析的理论框架，语言符号的意义实现层次可以用于描写和解释其他模态符号的意义生成机制。包括语言在内的多模态符号系统可以划分为语境层、内容层和表达层，并且各层次之间是逐渐实现的关系。微观上，上一级系统由下一级系统实现；宏观上，语境层由文化语境和情景语境构成，并决定内容层和表达层。

高校英语课堂教学主要包括听力、口语、阅读、写作、翻译、词汇、语法等方面的内容。这些教学内容从属于内容层和表达层，受到语境层的制约。因此，利用多样化的媒体技术和多模态的感知渠道模拟真实语境是构建多模态高校英语课堂教学模式的关键。

课堂教学作为一种交际活动产生于某种文化语境之中。因此，培养学生在听、说、读、写、译和词汇、语法等层次方面的语用能力绝不能脱离目标语所属的文化语境——其中包括历史、文化、思维模式、道德观念和价值观念等。教师应该综合考虑授课对象、授课内容、授课时间、课程类型、教学设备等多方因素设计教学模式，模拟真实语境，实现知识的积极输入。例如，在视听说的课堂中，教师完全可以凭借音频、视频、图片、音乐等多种媒介呈现课堂内容，形成一个多模态交际的过程，即让学生运用多模态获取、观察、分析、加工各种信息，并在课堂上呈现，以此来考核教师的授课状况以及学生的习得。学生通过多种感官自主参与到语言学习中，锻炼口语表达能力和书面表达能力，即多模态的识读能力。值得一提的是，教师要对学生的表现进行及时评估和反馈，避免流于形式，以实现课堂教学效果的最大化。

在特定文化语境中，人们可以在特定的时间、场所，就特定的话题，依据交际双方的关系（情景语境），通过进一步的意义选择来生成意义。基于这一点，教师需要在文化语境下，根据授课的时间、地点、设计的教学内容、交际者之间的关系，以及语言与非语言媒体之间的关系，从各种模态的意义资源中选择合适的事物模态构建的情景语境开展课堂教学活动。模态选择的适切性可以依据情景语境的三个变量来判断。

语场（Field）：指交际的环境，包括谈论的话题等整个交际活动。语场与教学内容对应。

语旨（Tenor）：指说话人的交际目的，以及说话人与话题参与者之间的社会关系。语旨与教师的特点对应，如性格、爱好、知识结构；与学生的特点对应，如学生的兴趣、学能、语言基础；与交际目的对应，如传授知识、学习技能、提高能力。

语式（Mode）：指话语活动所选择的交际媒介或通道。语式与教学环境、教学设施、传播渠道等对应。

在具体的课堂教学中，教师要兼顾"语场"的实用性与趣味性、"语旨"的多样性与层次性和"语式"的互补性与协同性。以听力课为例，学习者在学习过程中的普遍障碍是容易疲劳，不能准确判断听力文本的主题或者难以集中精力接收篇幅较长的话语信息。教师应依据课程特点、自身特点和学生特点，将教材、音频、视频、网络资源、教学软件资源等资源进行最优化配置，对听力文本难度、长度进行编辑，有效地调控视、听、说知识输入的量和质，使教学实现输入、输出一体化与多模态化。

教师可以将多媒体教授方式所提供的教学资源有效地带入课堂，为教学提供相关背景环境。而后，教师通过多种模态的交互作用，引导学生积极参与课堂教学。这样就可以极大地提高课堂教学的效果。而且，教师也能一改原有课程中语言输入者的角色，进而成为课堂活动的积极参与者、执行者，从而使高校英语课堂教学不再是单一模式，改变其枯燥无趣的状况。

同时，学生可以充分利用互联网上丰富的学习资源，将简单局限于书本上的阅读提升为基于多模态化的学习形式的音频、视频、图形、图像、网络、周围的环境因素等各种模态形式互相结合的立体教学。

（二）发挥多模态语言教学的重要作用

计算机媒体作为表达信息的物理工具极大地丰富了话语交际中的模

态类型，让多模态化的信息输入更具有可行性，在二语学习中发挥着重要作用。我国著名学者张德禄认为，多模态交际能够使受话人通过多通道获得信息，从而使学习者内心愿意从事语言学习活动，把外因转化为内因，激发交际者交际的兴趣和热情。我国著名语言学家顾曰国从认知心理学的角度，对基于计算机多媒体材料的多模态学习做过详细分析，并提出计算机多媒体、多模态互动学习从输入到产出之间的模态搭配与学习效果是一项亟待深入研究的重大基础课题。

1. 多模态与多媒体的关系

在信息认知过程中，人们能够以多种感知形式认知信息。多种符号资源在语言交际中的运用可以被视为话语的"多模态性"。多模态与多媒体是两个不同的概念，多模态是指语言、图像、声音、动作等用以交际和意义构建的多种符号资源；多媒体是人与人之间实现信息交流应用的多种载体，也被称为多媒介。简单来说，人们的视觉、听觉、触觉等多种感知模式是通过眼睛、耳朵、鼻子等多种媒体形式实现的。现代化的媒体技术手段实现了人们交际方式的多样化，也促成了多种交际模态的融合。多模态话语理论能够通过对多元化符号系统的意义解读，更加准确地理解和掌握交际中的话语信息。

2. 单模态与多模态的比较研究

法国里昂第二大学语言中心的尼古拉斯·吉雄（Nicholas Guichon）等学者就多模态形式对二语学习的影响做过专门研究。研究主要分析了以计算机媒体作为信息平台的多模态形式对二语学习者理解真实口语材料的影响，以及不同模态形式如图像、字幕等在二语学习中的优点与局限性，并通过评估学生的文本结果判断不同模态形式对理解的干扰程度。

这项研究共包含四种模态呈现方式：Ml—音频；M2—视频与音频；M3—视频、音频与目标语字幕；M4—视频、音频与母语字幕。研究对象是学校同一年级中挑选的 40 位非英语专业的学生，他们在英语水平测试中的成绩均处于中等水平。研究将 40 位学生分成四组，分别采用不同的模态形式进行测试。测试的内容是一段 3 分钟长的 BBC 英语新闻，讲述了一对生活在华盛顿特区郊区的夫妇的家庭生活情况。测试时间定在上午，四组对象进行的实验步骤完全一致：播放新闻，由教师以母语或目标语记笔记；给学生 4 分钟时间整理笔记；第二次播放新闻，允许学生以母语或目标语记笔记；最后 20 分钟让学生写出目标语的新闻概要。研究将所有学生最后完成的有效语义数量作为衡量学习效果的指标。英语新闻文本被划分为 35 组语义单位，囊括了新闻中所有主要信息。之所以采取这种评估形式，是考虑到信息认知量和母语—目标语的干扰因素，文本形式能够较为客观地体现出学生在不同模态形式下对相同信息接收程度上的差异。研究结果主要是计算学生新闻概要写作中所包含的有效语义单位的数量。结果显示，四种不同模态条件下学生获取的有效语义数量分别达到了 19.7%、25.1%、30.2% 和 29.7%，其中 M3—视频、音频与目标语字幕的测试结果最佳。结果表明如下。

（1）在输入相同信息的前提下，与单模态相比，研究对象在多模态条件下的学习效果表现明显优异。这与梅耶（Mayer）提出的多媒体原则一致。他认为学习中词语与画面组合的学习效果要优于单一的词语学习。

（2）图像在信息认知过程中具有重要作用，但不能与学习效果成正比。M1 模态下的学生大多无法准确判别 item 3、4 以及 item 23，而 M2、M3、M4 模态下的研究对象在图像辅助作用下，在这三组语义单位中表现优异。但 M1 模态下的学生在 item 15、16 和 item 20 的表现明显好于 M2、M3、M4 模态下的学生，原因在于这部分内容的图像与音频信息没有保持一致，影响了大部分受试学生的判读。这种图像中的冗余信息是多模态认知中的常见问题。梅耶和莫雷诺（Moreno）指出，学习者不会为了避免认知超载而忽视已经呈现的冗余内容，冗余的设计违背了人类认知学习过程，阻碍学习者对知识信息的有效加工。

（3）字幕在信息认知中具有关键作用，而字幕的不同形式对信息的接受性和产出性的影响也有差异。M1、M2 模态下的受试学生在 item 6、14 的信息认知上成功率较低，甚至没能判断出 item 14 中的母语词汇，而 M3、M4 模态下的学生在这两组语义单位上的成功率较高，证明字幕帮助两组学生确认了相关信息。

二、多模态话语理论在高校英语教学中的运用

（一）利用多模态话语构建高校英语课堂

根据多模态话语理论的要求，高校英语课堂构建要通过利用如音频、图片、文本、视频等各种教学资源来实现，充分展现教学资源的多元化特点。相关研究表明：学习者在学习过程中通过各种感觉器官接收信息并经过大脑处理，再经语言进行输出。学习的过程是各种感觉器官相互配合、通力协作的过程。因此，在教学中，教师要根据多模态话语的互动教学理论，利用各种教学设备激活学生的思维，引导学生从多个角度理解和分析英语知识。例如在讲授英国历史时，教师可以先让学生观赏一段 *King Arthur*（《亚瑟王》）的电影，激发学生的学习兴趣，然后通过幻灯片的形式，将不同历史时期的著名历史事件及人物按照时间顺序展示出来，每介绍一个时期，再配以反映相应时代特征的文学著作，如在介绍维多利亚时代的历史时，可以向学生展示诗人罗伯特·勃朗宁（Robert Browning）的作品。教学时将文字、图像、声音等信息融于一体，能够有效激发学生的发散思维，使学生在轻松的氛围中掌握知识。

（二）教学应用示例

1. 基于视觉符号的视听教学

多模态话语理论是利用两种以上感官教学的理论。通过视觉符号的视听教学是高校英语教学的一种多模态话语教学模式。视觉图像可以将画面生动地再现，增强学生的视觉效果。视听教学的具体教学方式设计

可以从语料选取、课堂实施和能力评价三方面着手。

语料选取：视听教材种类很多，选择不当不仅不会提高学生的学习效率，而且会分散学生的注意力。视听材料的选取要以实用性和真实性为原则，如学术报告、话题访谈等，应尽量避免冗长的材料。

课程实施：互动形式为"教师—视听语料—学生"。在课堂实施中，教师应充分利用会话形式，交互呈现视觉、听觉、文本等模态，利用文字、图片、视频等方式传递信息。

能力评价：除了检验学生有关音频输入的能力，教师还应对视听语中的背景知识、表情动作、语音语调等因素的重现进行精心的模拟考核，这也是多模态视听能力的培养目标之一。

2. 基于多模态观点的阅读教学

学者胡壮麟认为，个体的识读能力可以分为文化识读能力和技术识读能力两种。文化识读能力是指对文字的理解能力以及对文化内涵的把握能力。技术识读能力是对各种多模态信息识别、理解的能力。在英语阅读教学中，教师除对学生进行文字模态的教学内容外，还应强化学生识别非文字模态的能力，如文章中的黑体、斜体、主标题、副标题以及特殊标点符号等。例如，在"Then I fell ill with Chronic Fatigue Syndrome and became virtually bed bound."这句话中，大多数学生不明白单词"Chronic Fatigue Syndrome"的含义（该词的中文含义：肌痛性脑脊髓炎；慢性疲劳综合征）。在英语中，特定的人、地、物的专有名词是用首字母大写的形式表达的，对文章内容理解影响不大。因此，教师应训练学生对于首字母大写单词的敏感性，在阅读中对这类信息采取标注单次首字母、快速掠过的方式，从而有助于节省时间。此外，对于一些不容易用语言表达清楚的内容，还可以通过图表、简笔画的形式进行表达。

三、多模态高校英语课堂教学的研究意义

多模态教学作为一种教学理论，主张利用网络、教材等多种渠道，

音频、视频、图片、文本、表演等多种教学手段来调动学生的多元读写能力。多模态教学法强调身体通过多感官协同参与交际的不可分割性。多模态手段运用到课堂教学中有传统教学无可比拟的优势，在提高高校英语教学效率、培养大学生多元读写能力、优化课堂教学效果和推进高校英语教学改革进程等方面都具有重要意义。

全球文化多元化和交际多模态化发展的需要在社会文化中相互影响。在科学技术变化迅速的今天，交际不再利用一种模式进行，声调、语调、音调等语言特征，手势、身势、面部表情、动作等身体特征以及PPT、音响设备、网络、实验室、周围的环境等都是表达意义的符号载体。英语教学课堂用PPT上课是通过语言、图像、声音等多种手段和符号资源进行交际的现象。因此，多模态教学是社会文化呈现多元化以及信息技术化背景下教学实践发展的必然趋势。多模态话语的广泛应用时代的到来，对高校英语课堂教学提出了新的要求。

采用多模态英语课堂教学是深化高校英语教学改革、提高高校英语课堂教学质量的要求。多模态教学就是把课堂构想为多模态话语——视觉的、书面的、口头的、表演的、音频的以及姿态的、相互交叉的符号空间。多模态话语交际理论给高校英语课堂教学改革带来了启示。多模态、多媒体的运用丰富了高校英语课堂教学手段，提高了课堂教学效率，有助于高校英语教学改革的进一步发展。英语教学中多媒体网络平台可以提供大量的、教学材料，可以模拟真实语境，从而提供模拟交际的语境，为教师和学生提供教学环境；录音、录像等可以做意义表达的辅助方式，同时可以激发交际者交际的兴趣和热情。多媒体的运用能够给高校英语课堂教学带来新的生命力，有利于最大化地取得教学效果，从而进一步提高教学质量。

采用多模态高校英语课堂教学是基于树立大学生多元识读意识、培养大学生多元识读能力的需要。传统教学主要是培养学生以读写为主的识读能力，在全球趋于一体化、多元化、技术化的今天，对学生不仅要进行读写能力的培养，更重要的是，要帮助学生树立多元识读意识，对学生进行多元识读能力的培养。因此，高校英语课堂要进行多模态教学，提供和创造条件让学生学习和体验多模态交际模式——要培养学生阅读各种媒体和模态所提供的信息的能力，使学生不仅能在多模态环境下理解各种经历，建构自己对现实世界的认知，而且能在多模态环境下创造性地学习和工作，以帮助学生在不久的将来能适应社会，迎接经济全球化、语言文化多元化和交际技术多样化的挑战。

四、教师多模态元话语对教学效果的影响

元话语是发话人引导听话人积极对话语内容做出反应的一种方法，其以听话人为中心。课堂中教师积极使用多模态元话语组织课堂教学，就能通过多模态元话语的使用与学生建立和谐的课堂氛围。和谐的课堂氛围有利于学生的脑力劳动，进而提高课堂教学效果。有效运用非语言符号元话语，可以辅助、补充语言符号元话语的表达意义，增强话语的自然性与交际性；合理使用教学环节示现语，可以确保教学步骤的明晰；恰当运用话题信息连接语，能够提高命题信息的连贯度；积极运用注释转换阐明语，可以促进对命题信息的理解；积极运用信息来源链接语，能够提高命题信息的可信度；积极运用信息指向标记语，能够明确所指命题信息；适当运用信息明确增强语，能够明确信息内容；主动运用鼓励启思标记语，能够鼓励学生积极参与课堂活动；积极运用交际主题召唤语，可以与学生产生共鸣；正确运用情感态度评价语，能够激发学生学习热情；善于运用自我提及称呼语，可以促进师生互动、和谐课堂氛围。

多模态语境下 PPT 演示性教学是指在教学设计过程中把包含两种及两种以上符号的系统资源制作成 PPT 课件供课堂教学演示的教学模式。PPT 演示属于多模态话语范畴，是通过多种符号资源内部的互动来实现意义的复合话语。随着计算机和网络技术的日益普及，多模态 PPT 作为

最富有现代化特色的教学手段，越来越受到教师和学生的青睐。作为语言习得发生的基础和前提，语言输入已被各种技术手段在听觉、视觉、感觉等各种模态中予以强化。在学生学习过程中起主导作用的是听觉模态和视觉模态。听觉是主模态，主导交际的进程；而视觉模态则对听觉模态起强化和补充作用。从记忆理论来讲，大脑皮层接受触觉、嗅觉、动觉等各类细胞的信息讯号，都具有"记忆作用"。如果在记忆某种材料时，能同时调动多种感官，就会大大增强记忆效果。这是因为用这种方式记忆材料时，可以把眼、耳、口、手等多种感觉通道利用起来，接收来自不同感觉器官的信息，在大脑皮层留下很多"同一意义"的痕迹，在大脑皮层的视觉区、听觉区、动觉区等建立起多通道的暂时神经联系。然后，经过大脑把各种感觉到的材料进行加工，使它们在大脑皮层留下深刻的痕迹。无疑，用这种方法记忆，要比单纯用耳听、用眼看、用嘴读或用手写的记忆效果要好很多，而且能减少人们的记忆时间。因此，现代多媒体技术提供了文字、图像、声音作为学习的实际环境，使受话人易于理解和记忆。经常使用多媒体技术开展多模态教学有利于达到教学初衷：补充强化教学内容，吸引学生注意力，激发学生学习兴趣，抒发学生情感，使学生易于理解。

五、多模态高校英语教学的实现途径

基于多模态话语分析理论，"教师—学生—评估"三位一体的高校英语课堂教学是实现多模态高校英语教学的重要途径；利用多模态辅助大学英语精读教学，能够有效提升教学效果。

（一）"教师—学生—评估"三位一体的高校课堂英语教学

1. 教师多模态教学

教师多模态教学主要是指教师在某些教学环节中充分调用多模态获取、传递和接收信息。教师通过对多种模态的选择和组合来设计具体的教学环节，学生利用各种感官来获取、认知和传递信息。教师在进行教学设计时要充分利用由文字、图片、音频、视频、PPT、网络资源等工具集合而成的多模态教学环境，给学生提供多模态感知手段。因此，多模态高校英语课堂教学对教师提出了更高的要求，教师要不断更新教育理念、运用多模态教学理论来指导高校英语课堂教学。高校英语课堂教学主要以听觉模态和视觉模态为主，还有其他多种模态如触觉和嗅觉等相辅。教师要掌握如何根据教学内容、学生特点和教学条件来设计选用不同的模态。

教师要为整个教学过程和每个教学阶段选择合适的教学方法，并据此选择合适的教学模态，如口头表达、PPT 书面语、黑板书面语、视频、电影剪辑、录音、图画、图表、实物、音乐等。教师要根据学生的特点设计具体的教学活动，如情景表演、电影配音、短剧表演、辩论等，从而激发学生的学习兴趣，培养学生的多模态识读能力。教师要学会利用环境，包括已有的环境和创造环境来提高教学效率，如利用着装、动作、空间、音乐等。教师还要学会利用各种资源，特别是现代教学媒体，如利用网络、同声传译室、录像、电影等工具模拟真实语境，提高教学效果。

2. 学生多模态学习

多模态学习是指学生运用多模态观察、分析、表述各类信息。学生的多模态学习主要是通过教师课堂传授和学生自主学习两种方式进行的。

（1）学生在课堂上学习多模态话语信息表达

教师引导学生多模态地获取、加工信息并在课堂上展现和交流，引导学生迅速捕捉课堂上教师和同学所提供的非言语信息，运用非言语信息更好地理解课堂教学内容，达到课堂上的高度互动。学生的首要任务是学会理解教师展示的各种符号，能够鉴别各种图像、文字、颜色和动作等模态如何相互依赖并产生整体意义。多模态高校英语课堂教学提倡运用多种教学方法，如通过师生问答、分组讨论、角色互换、情景表演、模拟演讲、电影配音、短剧表演、辩论赛等帮助学生体验视觉、听觉、触觉等多种模态信息表达，锻炼学生接收、处理多模态话语信息的能力。

（2）学生自主学习多模态话语信息表达

学生自主学习主要指学生依据教学要求，根据自己的水平和学习方法，在课堂上或课下，通过视觉、听觉和触觉与网络环境下的学习资源进行自主学习。首先，学生自己制订学习计划，在规定的时间内独立完成教师设定或自定的自主学习任务。其次，学生在自己的学习过程和意义表达过程中，不仅要了解资源获取的途径，而且要学会利用各种信息渠道获取信息、自主学习并解决问题。最后，学生不仅能够在自然轻松的环境内学习语言，而且能利用技术为意义构建服务，能够了解各个符号的意义潜势，并学会利用各种符号来表达意义。

3.教学多模态评估

教学多模态评估是根据一定的教学目标和标准，对教师的教学方式进行系统监测，并评定其价值及缺点以求改进的过程。它既是教学过程的重要组成部分，也是所有有效教学与成功教学的基础。多模态高校英语课堂教学需要系统且完善的综合教学评估体系以验证其价值并推动其在实践中的进一步发展。

多模态高校英语课堂教学需要多模态的评估体系。对于多模态高校英语课堂教学的评估已经不能只从单一的语言文字方面来考量，还要考虑图像、视频、音频、PPT和网络资源等多种符号元素在课堂教学中所起的作用、所体现的价值。合理协调多种模态共同作用对整体意义共建能够起到强化的作用，而不合理的多模态共同作用对整体意义会有消减作用。有时候有限的课时和多样的教学模态也会发生冲突，影响教学任务的完成。因此，多模态高校英语课堂教学评估要包含多模态使用手段评估，需要制定一套量化指标综合考量其在英语教学过程中的作用。

同时，多模态高校英语课堂教学需要教师自评。多模态高校英语课堂教学提倡教师通过自己的教学录像、学生的评价来分析教学中多模态的运用情况，包括各种模态调用是否合理恰当、设计信息与模态是否匹配、设计是否易于操控并有利于教学任务的完成等。所有的外部因素都是通过内部因素起作用的。教师通过自评发现问题、解决问题，可以使自身素质得到不断提升，也有利于提高多模态高校英语课堂教学的质量。

（二）利用多模态辅助高校英语精读教学

多模态教学作为一种教学理念，强调培养学习者的多元能力，主张利用网络、图片、角色扮演等多种渠道和多种教学手段来调动学习者的各种感官，使之协同运作参与语言学习。在多模态教学过程中，学生对输入的信息进行感知、理解、编码、储存，所获取和积累的大量接受性知识又为有意识和自动化的产出奠定了基础，从而构成了一个循环系统。这样的循环有助于习得知识，提高记忆，完善认知能力。

精读，即精细深入的阅读，是以掌握阅读方法、发展阅读能力、理解文章内容、积累知识为目的的读书方法。利用多模态辅助大学英语精读教学，能够有效提升教学效果。

1. 多模态高校英语精读教学的层次和步骤

将多模态话语分析理论应用于高校英语精读教学中的目的是通过多种教学手段、教学资源、教学方法进行教学，以培养学生学习的积极性、独立性、创造性，提高学生的英语应用能力和综合文化素养。教师可以借助多模态技术构建三个层次的多模态教学：课堂多模态教学、课外多模态教学、网络多模态教学。课堂多模态教学是指在课堂上教师作为主导，学生作为主体，用多种教学手段来开展教学活动，教师不仅要进行口头讲解，还要充分利用图像、声音、文字及其他工具辅助教学，来激发学生的学习兴趣，提高教学效果。课外多模态教学是指把英语教学从单一的课堂教学转移到以校园为主的英语学习的大课堂。第二课堂活动可以根据学生的需求实现多样化和个性化，如专家讲座、英语角、英语周活动、英语晨读活动、英语读报活动等。这些活动能够向学生提供英语输入信息和多种应用语言进行交际的机会和条件，营造良好的英语学习环境与氛围，激发学生学习英语的兴趣和积极性。网络多模态教学是指利用现代化教学设备、现代信息技术、网络技术辅助英语教学，如利用英语自主学习平台开展教学。

这种教学模式在教学过程中包括四个步骤：第一，教师根据具体教学目标，在分析学生和学习资源的基础上，进行教学设计，包括教学目的、学生需要掌握的知识要求以及如何进并协调学生参与知识构建等内容；在实施时，教师在课堂上要重视师生互动的语言实践过程。第二，学生在课堂、课外活动场所以及网络环境中要和教师、其他学生、网络资源进行互动交流。第三，学生在做中学，在学中完成知识建构，将获得的知识外化为具体的学习成果。第四，教师和学生对教学效果进行反馈评价，以改进教学。

2. 课程设计与教学原则注意事项

利用多模态辅助高校英语精读教学的关键问题之一在于如何处理多媒体资源与多模态输入和产出之间的关系。恰当地处理好多媒体资源与多模态输入与产出之间的关系就是对计算机辅助英语教学的优化。教师在对多模态精读课程的设计与教学原则的把握方面应当注意以下几点。

（1）在多模态的精读课堂中，各模态的运用不是孤立的。各模态的配合应符合学生的认知规律，搭配和谐，最大限度地调动学生的多感官协调参与。

（2）多模态英语精读课堂教学中要注重师生互动。从新课导入、背景知识介绍、课文分析、语言点学习到课后作业处理都可以考虑进行多模态的师生互动。

（3）恰当运用多模态中的不同手段进行有效互动。如在使用 PPT 对内容进行展示时，偶尔使用声音特效可以起到提醒学生的效果，但如果使用过多，就可能成为一种噪声，引起学生反感；在视觉模态方面，PPT

中字体的大小、颜色，图画的选取和播放的频率等都需要精心设计，教师的仪态也需留意。

（4）任课教师要认真钻研教材，根据实际情况随时调整和修改课件内容。教师授课过程中要注意课件的展示，如果展示时间控制不当，屏幕内容就会一屏一屏稍纵即逝，则学生对本课的重点、难点的把握就会受到影响。

（5）为学生提供实践的机会，使他们成为听觉模态和视觉模态的发出者，从而提高学生参与课堂的积极性。例如，每节课前由数名同学到讲台前谈论大家感兴趣的话题或讲故事、背诗、背短文；让学生分组合作，自制 PPT 在课堂呈现，师生共同点评等。

六、多模态话语理论在高校英语教学中的作用

（一）激发学生的参与积极性

多模态话语理论中的非语言因素对于信息的传递以及意义的建构起着不可小觑的作用。这些非语言因素主要包括：伴语言特征如语调、声调、音响度等因素；身体特征如表情、手势、动作等因素；非身体特征如设备、环境和网络等因素。在多模态的教学方式下，教师可利用图像、音频等方式对语言知识进行多角度的诠释。例如，在单词课上，教师可以播放含有目标单词的英文歌曲及电影视频，吸引学生注意，加深学生对单词的印象。在多模态教学环境下，文字、声音、图像等因素的综合作用，对提高学生英语学习的积极性具有举足轻重的作用。

（二）提升学生学习兴趣

多模态教学能够通过视觉和听觉实现场景互动的功能，采取"教师—视听语料—学生"三方互动的形式，刺激学生的相关感官，生动传递并强化知识重点，丰富课堂教学内容，加深学生对知识的理解。例如，教

师通过具有感染力的语言描述以及肢体动作，同时采用背景音乐渲染气氛，使英语学习变得生动有趣，能够激发学生对英语学习的兴趣，从而提高教学质量，加强英语课堂的学习效果。

（三）提高英语教学效率

教学过程中使用多模态教学，可以将学生的多种感官调动起来参与英语学习。多种感官同时对大脑皮层神经进行刺激，有利于学生对英语知识的理解和记忆，从而提升学习效果。例如，在课堂中充分利用幻灯片或投影仪等多媒体设备，通过声音、语言、动作和图像等资源实现交际，营造互动式教学氛围，可以刺激学生对英语学习的欲望，提高学生的主观能动性，从而提高英语教学效率。

（四）强化学习记忆

在英语教学中运用多模态教学模式，可以强化学生的学习记忆，并提高记忆的持久性。经大量的实践研究证明，记忆与获取信息的模态有着密切的联系。而多模态的教学模式注重多种感觉器官并用，恰恰可以帮助学生提高记忆的持久性，使学生对词汇、语法等内容的记忆更加牢固，从而提高学生的记忆效果。

（五）促进知识内化

在教学中运用多模态的教学模式，可以将文本的内容生动、活泼地呈现出来，有利于营造真实的语境。在英语学习的过程中，多模态可以使学生接触到多种形式的英语表达，使英语贴近自己的生活，而真实的语言环境可以促进学生摆脱母语的束缚，提高大脑对英语的综合反应能力，便于对英语知识的理解和吸收，有助于英语知识的内化。多模态的教学模式自然会形成语言与文化紧密结合。视觉、听觉模态的融合加之语言与文化的自然结合，会让学生在不自觉中吸收着英语知识，并将其内化。

（六）提高语言运用能力

多模态在高校英语教学中的应用，可以提升学生的听、说、读、写能力，从而提高学生对英语的综合运用能力。例如，教师在英语视听课上运用视频教学，使学生通过视觉模态与教学视频的互动，在视听学习中获得直观体验，通过视听路径获取语言信息，然后进行口语表达，并以团队制作的形式，运用计算机设计功能，融合图片、表格、视频短片符号模态展示观点及看法。在这个互动的视听说过程中，学生的英语综合运用能力会得以提高。这种体验性的学习模式符合隐形教育模式的理念，让学生在不知不觉中获取了知识，并提高了自己的英语综合运用能力，从而提高了教学质量。

综上所述，多模态话语分析基于系统功能语言学，将图像、声音、动作等都看作意义的源泉，一样具有系统性、多功能性。在英语精读教学中，通过协调各个模态或同一模态中不同符号之间的关系，能够使教学更加顺利、有效地完成。同时也要注意模态的适当使用，避免出现抵消和排斥的现象，影响教学。

第二节 多模态话语语境下高校英语教学模式构建

一、多模态话语语境下微课教学模式构建

高校英语微课内容构建于语言技能和学习内容的框架，就某个典型技能和内容进行针对性的微型学习。多模态话语语境下的高校英语微课将多模态与微课的优势进行了结合——既可以加深学生的印象，又便利于使用者的学习。

在高校英语教学中，教师统一授课，只能尽量照顾到大多数学生的学习情况，无法针对每一个个体进行单独辅导。因此，通过课程组教师共同备课，根据教师个人的优势进行分工，制作多模态微课，让学生根

据自己的需求在课下进行自主学习，弥补自身的不足，有利于学生的成长和教学效果的提高。例如，教师要求学生写课文摘要，认为比较容易完成，但学生在课下做起来十分艰难，尽管教师在课上已讲解了写课文摘要的要求与步骤。因此，除了课上讲解，教师还需要进行课后跟进，如教师可以在微课中手把手地教学生写课文摘要。微课因图、文、音等多模态共存，成为学生喜闻乐见的学习模式，能够提高学生的学习兴趣。教师可以根据本学期学生的程度，对课文摘要的具体要求及写作步骤在微课中进行详细讲解，如摘要的定义、摘要作为一种写作题材的特点、摘要的写作目的、写作摘要的注意事项等。

很多留学生表示，在国外的课程教学中，不管什么科目，教师都会布置大量的课外阅读，或是自己独立完成，或是以小组的方式完成。教师会布置学生做各种摘要，上课时进行讨论，尤其是小组阅读，每个人负责不同章节，大家汇总各章节的摘要。这就需要小组成员的摘要要有一个相对稳定、固定的模式及语言表达、篇章结构。而目前国内大多数高校教师对于摘要写作的重视是不够的。如果教师能够课上通过讲解，课后通过有效的微课进行辅导，相信学生的摘要写作水平会得到提高并对他们日后的工作、学习形成帮助。

高校英语学习的基本技能包括听、说、读、写、译五项。在这五项技能中，听和读是输入语言知识信息的过程，而说、写、译这三项语言技能是语言知识信息中的输出过程。

当前，以移动设备为载体的微课受到越来越多人的认可。技术的成熟与普及是目前微课设计新颖与否的重要影响因素。微课使用者通过自己的移动终端机，按照学习者的不同需求选择适合自己的微课。为了更好地推广微课技术，为教师提供更多的相互学习的机会，全国各类学校组织了各种微课比赛。比赛能够促进微课的更快发展，为教师相互学习提供平台。值得注意的是，现在有的教育机构已经在网络上开发了一些系统的微课课程，学习者可以通过付费的方式参加课程学习。

二、多模态话语语境下"3-Class"教学模式构建

无论是学时安排或是学分总量，英语课程都是高校教学的重要基础组成部分，提高英语课程的教学质量能够直接有效地提高高等教育质量。随着国家及各地政府对教育资源投入的增多，多媒体辅助教学在现在高校英语课程教学中广泛应用。其特点为图文并茂、声像互衬，为学生提供了更多语言实践的机会，对培养学生对语言本身、语言文化的了解起到了积极的推动促进作用。

3-Class，是 Before-class、In-class、After-class 的缩写，是一种将课前、课中、课后在时间上有效衔接、在内容上有机结合的立体式教学模式，其结构如下：Before-class 阶段，教师应做好精心准备，将与备讲课程相关的内容，尤其是重点、难点知识，作为预习任务提前下达给学生；学生应认真预习，按教师要求高标准、高质量地完成预习任务，为顺利进入下一阶段学习奠定基础。In-class 阶段，即教师授课阶段，教师将单元知识讲给已经做好课前预习的学生，让学生更加充分理解和掌握知识。该阶段为 3-Class 教学模式的核心环节，要求教师充分备课、熟练精讲、精神饱满，务求实效。After-class 阶段，教师应根据本单元所学知识，为学生提供课后拓展补习资料，对课后学习情况进行跟踪、指导、评价。在落实 3-Class 教学模式时，务必做到周密设计、精心组织，以切实达到有效衔接、有机结合的立体化、全方位推进的良好效果。

三、多模态话语语境下体验式英语教学模式构建

体验式英语教学模式，指的是在高校英语教学中，以学生为主体，以教学任务为主线，以计算机、网络信息、多媒体技术为依托，让学生通过具体体验的方式来了解和掌握语言，并将其与实际紧密结合，从而将其运用到实践当中的一种高校英语教学模式。该种教学模式，以传统教学模式为基础，增设了课前设计、课堂真实情境体验、课后指导练习

等环节，是教育改革的一种尝试，是适应现代高校英语教育的一种体验式教学模式。

学习是个认知的过程，学习者通过观察、聆听、接触等方式收集和处理外部信息，逐步达到理解和掌握知识的程度。体验式教学，将处理信息的方式再加一道环节，即增加自主体验，通过体验提高学生自主学习的能力，增强学生学习的主动性，从而建立以学生为主体的教学模式。该模式的建立符合人的认识理论，对培养学生自主学习、积极参与、勇于实践等方面的能力大有益处。以学生为主体的体验式高校英语教学，必须有适合学生体验的环境基础，而以计算机和网络信息技术为支撑的教学手段能够有效弥补传统教育的不足，为体验式高校英语教学创造良好的环境基础。信息技术所提供的多模态模式，有利于激发学生的学习热情；它创设的直观环境，有利于增进学生的学习兴趣；它载入的丰富教学资源，有利于增长学生的阅历和知识。教学方法度教育效果有着重要影响。传统教育注重的是"教"，而体验式英语教学模式重视的则是"学"——体验式高校英语教学通过改变侧重点和主体的方式，能使学生在学习过程中，通过完成任务、扮演角色、交际交流等方式，实现情感体验、角色体验，从而培养学生开展英语实践的综合能力。

体验式英语教学模式通过真情实景和具体运用，使学生理解、掌握学习内容，从而学会如何运用，而不仅仅是孤立地学习某种语言。这种教学模式以实际应用为原则，呈现了当代外语教学模式的新思路，值得倡导。充分利用现代的计算机网络和多媒体信息技术，以此为载体开展的教学，能够有效地提高学生的听、说、读、写能力和实际应用语言的能力，能够培养学生自主学习的意识，变"要我学"为"我要学"。主体的转变，有利于培养学生的主动性、积极性思维，以切实达到培养目的。

体验式教学模式作为现代高校英语教学的新模式，充实和完善了传统教育理念，创设了具体操作规范。在其具体应用中，应注意加强以下几方面工作。

（1）全面贯彻体验式教学原则，既围绕课文又不局限于课文开展课堂设计。①完成好课前素材的准备。教师在备课时要收集大量的语言、文字、故事等与课程相关的素材，将这些素材以多媒体课件形式予以体现，便于学生开展自主课前学习。②做好课堂上的教学工作。在课堂上教师要当好"导演"，充分调动学生的积极性，发挥好情境作用，让学生体验好每个角色，教师要及时、有针对性地开展点评，便于学生把握和提高。③安排好课后练习任务。学生根据教师布置的任务，结合课堂体验的感触，完成相应的练习，以使所学知识和技能得以巩固和提高。

（2）注意充分利用计算机和网络现代信息技术，特别是运用好网络这个载体，开展多模态化教学。在硬件建设方面，搭建和完善信息网络平台，创设自主学习中心；在软件建设方面，充分运用多媒体技术，开发、制作出大量品质精良的多媒体学习资料，创设优美的网络自主学习环境，促使学生产生浓厚的自主学习兴趣，为学生利用信息技术学习提供条件，将学习延伸到课外。

（3）体验式教学是以学生自主学习为中心的，故而应充分发挥好任务驱动的作用，使学生通过完成任务达到熟练掌握新知识的技能。教师可根据教学目标和任务要求，在教学过程中，充分设计丰富多彩的活动，采用游戏、互动、交流、辩论、角色扮演、情境表演等有效方式使学生多体验、多感触，以提升学生强烈的参与意识并养成积极主动的学习心态。根据现代评估理论的要求，对于高校英语教学的评估，应该既对教学过程进行评估，又对达到的结果进行评估。在体验式教学模式中，可建立多方面、多角度、多手段、全方位的评价系统，将教师的教学与学生的自学结合起来评价，设置课程设计、课前学习、课堂参与、课后作业等评价内容，采取打分式、讨论式、反思式、互评式等评价手段，及时总结经验，不断提升体验式教学效果。

体验式高校英语教学模式，是当代教育改革的创新形式，是适合于高校英语教育的一种全新教育模式。该教育模式的实施，会有效提高学生自主学习的主动性，有效激发教师课程开发和设计的积极性，符合高校英语教学的总体目标，符合培养大学生的根本目的，能够为培养新时代的大学生发挥积极作用。

第三节　高校英语多模态课堂教学设计

大学英语是高校英语教学中的一门重要课程。MAP（Multimodal Apple Pie，多模态苹果派）是借鉴多模态话语分析理论研究成果，根据教学设计理论和第二语言教学原则研发出的一个大学英语课堂教学多模态话语建构的原则模型。本节介绍 MAP 的具体含义以及基于 MAP 的大学英语教案设计等内容，以使读者对高校英语多模态课堂教学设计有所了解。

一、大学英语多模态课堂教学设计原则模型 MAP 的含义

（一）MAP 模型概览

MAP 是在多模态（Multimodal）教学中，以 APPLE（Activation、Presentation、Peer learning、Learning reinforcement、Evaluation，即课堂导入、信息呈现、同伴学习、学习强化、学习评价）为主要教学环节，贯彻 PIE（Productive、Interactive、Engaging，即有效性、互动性、参与度）的教学原则模型。

（二）M 的内涵

MAP 该原则模型是针对大学英语多模态课堂教学而设计的。这里的多模态教学，既指课堂话语的多模态，也包括大学英语课堂教学所需要的多媒体教学技术条件以及师生在课堂上所使用的口头、书面、电子、身体动作等交流模式的多模态。换句话讲，这里的"多模态"实际上涵盖了多媒体、多模式、多模态等"三多"的概念。

在 MAP 原则模型中，突出了教学媒体在教学系统四元素（教师、学生、教材、教学媒体）中的地位和作用。在大学英语课程的特定教学系统中，由于媒体间性的作用，教学媒体远远超越了作为教学媒体自身的功能，不仅武装了教与学的主体（师生），还使教学内容及其载体发生了翻天覆地的变革。在 MOOC（慕课）风靡全球的背景下，教学媒体已经将教学内容与教学主体融为一体；人们越来越注重发挥教学媒体的作用；在多媒体教学技术与外语课程融合的语境下，学术界已有人提出了计算机教学技术由辅助向主导的转向。笔者认为，计算机主导语言教学的提法虽然有点过激、失之偏颇，但媒体间性的整合作用确实淡化了教学媒体与教学主体、教学内容之间的界限。例如，作为大型开放在线课程，慕课既是教学内容，又是一个教学媒体智能学习系统，而且作为一个平台融入了教师主体，也正是因为教师主体的嵌入，才显现出慕课这种教学媒体中的计算机主导性质。所以，从 ICT（Information and Communications Technology，信息通信技术）教学媒体在语言学习中的作用来看，笔者认为使用"促进"（enhanced）比"辅助"（assisted 或 aided）更贴切，因为"促进"这个词更加突出了教学媒体对于学习者的意义以及教学媒体与学习者之间的关系。基于上述理解，不妨用 CEL（Computer-Enhanced Language Learning）来替代 CAL（Computer-Assisted Language Learning），而 CEL 在国际学术界也是使用比较广泛的一个术语。另外，从教育生态学的角度来看，CEL 这个术语也暗示着媒体间性的融合作用，教学媒体就像一个个的 cell（细胞），促进了计算机与语言学习的深度融合，也孕育着外语教育技术学的发展。

需要强调的是，既然 MAP 模型中的 M 代表着"三多"（多媒体、多模式、多模态），那么，它自然是大学英语多模态课堂教学设计的基础，也就是说，在基于 APLE 的课堂教学设计中，必须充分考虑"三多"，充分发挥"三多"的作用，以有效地促进形成良好的课堂教学效果。

（三）APPLE 的内涵

在 MAP 模型中，APPLE 代表着大学英语课堂教学的五个基本教学环节或者教学方法（见表 5-1），而不是五个固定不变的教学步骤。根据不同的教学实际情况，一节课可以包括所有这些教学环节或者整合所有这些教学方法，也可以只包括其中部分教学环节或者采用其中部分教学方法；既可以按照"A-P-P-L-E"的顺序组织课堂教学活动，也可以根据教学需要重新组织教学流程。

表 5-1　APPLE课堂教学设计的内涵

环节	教学主体	教学活动	教学方法	理论基础
A：课堂导入	教师或学生	问答、讲解、小组汇报等	温故知新导入法、标题导入法、情景导入法、视听导入法、背景知识导入法等	输出驱动—输入促成；跨文化交际学；多媒体学习认知理论；建构主义学习理论
P：信息呈现	教师或学生	教学演示、小组汇报等	讲授法、语篇分析法、任务教学法等	输出驱动—输入促成；多媒体学习认知理论；CBI（内容依托教学）理论
P：同伴学习	学生、教师	结对、小组、角色扮演、辩论、讨论等	任务教学法、项目教学法等	社会建构主义学习理论；输出驱动；情境认知理论
L：学习强化	学生、教师	结对、小组、角色扮演、辩论、人机交互等	任务教学法、情境教学法等	输出驱动；情境认知理论；CBI 理论
E：学习评价	学生、教师	教师讲评、测验、问卷等	表现性评价、测验法、问卷法等	形成性评价理论；学习型评价理论；教师行动研究

1. A（Activation）：课堂导入

这是基本的课堂教学环节。因教师在教学理念、教学经验、面对的教学对象以及教学内容等方面的不同，课堂导入的方法会有很大差异。常用的课堂导入方法包括温故知新导入法、标题导入法、情景导入法、视听导入法、背景知识导入法等。根据教师所采用的不同教学模式，课堂导入的教学主体、教学内容、教学方法、时间安排等都会有很大差别。例如，采用"翻转课堂"教学模式的情况下，课堂导入的前提是学生的课前视频学习，教师根据学生反馈的问题撰写基于学习反馈的教学计划，这时课堂导入的教学活动通常就采用问答法，也可以采用小组活动法，要求学生根据教师布置的预习任务进行汇报。课堂导入是实施新课教学的重要手段，旨在激活旧知识，联结新知识、新技能，导入过程中应当遵循跨文化交际学、多模态学习认知理论、建构主义学习理论等教学原则。

2. P（Presentation）：信息呈现

这里的"信息呈现"指的是新课讲授的具体方式。是 tell 还是 ask，是 show 还是 do，是 guide 还是 coach，不同的答案可以反映出教师不同的教学理念以及所采用的教学方法和教学模式。在传统的课堂教学中，新课讲授是完全以教师为中心的，往往占据课堂时间的大部分甚至全部，讲授的方法则因教学媒体的使用情况而有所不同。

在以 MAP 为原则模型而开展的大学英语多模态课堂教学中，教师虽仍起着主导作用，但这种主导是为了确保学生的学习主体地位，学生不再是被动知识接收者，而成为课堂学习的真正主体。教师甚至可以通过课前预习任务设计，把学生推到"信息呈现"教学环节的主讲地位（可以以学习小组集体汇报的方式），取代传统教学中教师的"一言堂"。由于基于 MAP 原则模型而设计的课堂能够充分突出多媒体、多模式、多模态教学，因此"信息呈现"的方式就以这"三多"为特质，同时，"信息呈现"在整个教学安排中占用的时间比例应当是合适的，特别是在以教师讲授为主的新课中"信息呈现"时间要得到有效控制，把有限的课堂时间更多地用来保障以学生为中心的同伴学习（Peer learning）与学习强化（Learning reinforcement）。

不管是教师主讲还是学生（或小组）汇报新课，信息呈现应当遵循输出驱动—输入促成理论以及认知负荷理论的基本原理和教学策略，换言之，既要做好课前学生预习任务的设计和学习反馈，又要确保课堂上新课"信息呈现"的有效性。在采取学生汇报方式时，教师更要做好及时有效的反馈。

3. P（Peer learning）：同伴学习

MAP 模型中的 Peer learning 指的是 Peer collaborative/critical learning，也就是说，它不仅包括学生合作式学习，还包括学生之间的批评式学习。两种学习都强调学生之间的互动。同伴学习是课堂教学落实学生中心地位的核心，旨在通过结对、小组、角色扮演、辩论等学习探索活动，使学生在具体的学习活动中，合作完成教师设计的学习任务。

在完成任务过程中，教师会引导学生主动地探索语言知识，结合真实的语言情境体验和训练所需的语言技能，并在讨论、辩论中提升自身的批判思维能力和跨文化素养。同伴学习以社会建构主义学习理论、输出驱动、情境认知理论等教学原理为指导，主要采取任务教学法、情境教学法等教学方法，鼓励学生通过结伴、小组活动等主动探索、协商完成学习任务。虽然提倡以学生为中心，但在 MAP 课堂教学设计中，教师的主导地位更加重要，要求教师不断更新教学观念，改进教学方法，并通过情境化的教学任务设计确保以学生为中心的合作学习。

在此简要介绍一下情境认知理论。情境学习是 20 世纪 90 年代前后兴起的一种重要学习方式，指在所学知识应用的场景中进行学习的方式，强调把学习者的角色、认知融入真实的情境中。情境学习具有两个基本特征：一是知识与实践应用的结合，二是社会互动性和协作性。情境学习理论是当代西方学习理论领域研究的热点，也是继心理学领域"刺激—反应"学习理论、认知学习理论、人本主义学习理论、建构主义学习理论后的又一个重要的研究方向。国际学术界对于情境学习的前沿研究主要集中在情境学习理论、交互情境下的词汇学习、实践共同体概念等，这些研究对于旨在强化学习的教学活动设计具有重要的指导作用。

4. L（Learning reinforcement）：学习强化

MAP 模型中的"学习强化"指的是课堂教学中的一个教学环节，目的在于消化和运用新知识、新技能。这里的"学习强化"（Learning reinforcement）不同于人工智能学科中的"强化学习"（Reinforcement learning）理论。人工智能学科中的"强化学习"，也称作"再励学习"或"评价学习"，指的是一种重要的机器学习方法，是智能系统从环境到行为映射的学习。MAP 模型中的"学习强化"借鉴了强化学习理论中的再激励策略以及引导性、激励性评价策略，参考了情境认知、输出驱动假设等理论，通过恰当的教学设计，引导学习者通过情境的应用，或者通过对同伴、教师或网络平台评价的反思，达到强化学习的目的。"学习强化"教学环节依据输出驱动—输入促成假设、情境认知理论、CBI 理论等教学原理，采取任务教学法、情境教学法等教学方法，组织学生开展结对、小组、角色扮演、辩论等活动。硬件条件好的学校还可以让学生在线进行人机交互，旨在落实教学计划中的语言知识、技能以及批判思维、跨文化交际意识等教学目标。强化学生合作学习的成果，这是检验课堂教学有效性的重要环节；学习强化任务的设计和组织实施是否得当，同样离不开教师的主导作用。

5. E（Evaluation）：学习评价

MAP 模型中的评价主要指一节课结束前教师对学生的表现性评价（通常以讲评方式进行），或者是基于教学目标的小结性课堂评价（通常采取多项选择等测验法），也可以是学生对教学内容、教学方法和教学效果的反思性评价（通常是要求学生课堂结束前完成教师提前设计的问卷）。当然，评价是有效教学活动的必要组成部分，它贯穿于教学的全过程，旨在促进学生的有效学习。在教学过程（包括从备课、上课到课后批改作业的全过程）中，教师要处处考虑如何通过学习性评价来促进自己更好、更有效地教学，促进学生更好、更有效地学习。

学习性评价应当高度关注每一节课的学习目标和学业成功的标准，

并对学生的学习情况给予有效的反馈。同时，在教学过程中，教师要有意识地发展学生的自我评价能力和同伴评价能力，指导学生学会如何学习、掌握建构主义的学习观，因为学习性评价注重学习的过程，强调学生主动理解和建构意义。因此，在学习性评价活动比较丰富的课堂上，我们可以看到，教师主要不是在直接地教，而是在创造各种各样的学习与评价的机会，让学生自己独立学习，引导和组织学生开展合作学习，让学生以自己的认知方式表达自己对学习内容的理解，让学生学会相互切磋与合作建构，并以此为基础促进学生的观念转变与发展。教师要认识到，评价对学生的学习动机和自尊具有深刻的影响。在课堂上，要改进提问方式，为学生提供及时有效的反馈，让学生主动地参与到他们自己的学习中，促使学生能够通过同伴评价与自我评价改进学习。课后教师还要根据评价结果，及时调整教学安排，改进教学方法，进一步促进有效的学习。

二、PIE 的内涵

大学英语课堂教学应当遵循的教学原则有很多，从不同的视角出发，就会提出不同的教学原则。不同的教学环节所重点采用的教学原则也会不同。但是，一般来说，大学英语课堂教学核心的原则应当包括有效性、互动性和参与度。在 MAP 原则模型中，PIE 主要被视作一个整体教学原则。

P（Productive）指的是有效性。课堂教学首先应当是富有成效的，也就是说，有效性是由教学的目标性所决定的根本属性。课堂教学是一种目的性很强的活动，通过教学要使学生掌握知识，习得技能，发展智力，形成态度和相应的品质。可以说，有效性是教学的生命。要确保有效性，课堂教学就必须遵循基本的教学规范，具有合理的教学设计、清晰的教学思路以及完整的教学环节。同时，课堂教学必须有明确可行的目标定位。课堂教学的行为过程必须符合基本的教学规律，关注个别差异，保障充分参与，实现有效互动。因此，合规范性、合目的性和合规律性是实现课堂教学有效性的重要保证。

I（Interactive）即交互性、互动性，既包括人际交互，也包括人机交互。语言学习是通过人与人的交互、学习者内心的交互以及人与环境的交互而实现的。通过交互，学习者可以把新知识内化为自己的知识，可以说，没有有意义的交互，就没有语言的习得。交互性是由语言学习的实质所决定的外语教学属性。目前，大学英语教学改革中普遍遵循的"教师主导—学生主体"的教学原则就是主体间性理念的重要体现。尽管交互性突出以学生为中心，但在课堂人际交互中，教师的新课输入及反馈的质量也至关重要，而且以输出为驱动的教学活动也离不开教师的组织、协助和参与。在课堂教学中，师生之间、学生之间的交互程度不仅反映了教师所采用的教学模式、教学方法，而且往往也影响着课堂教学的效果。随着计算机网络技术在大学英语教学中的普及，人机互动也成了外语学习的一种重要方式。交互式教学模式在大学英语教学实践中的运用，改变了传统课堂教学中的人际交往模式，也彻底改变了传统的教学设计原则和组织原则。交互性原则不仅是一个教学组织原则，还是一个学习行为原则，既能反映教师的教育理念和课堂教学方法，也能反映学生的学习理念和学习的策略。

E（Engaging）即参与度，主要指学生的学习参与程度，也包括教师在学生学习活动中的参与度。参与度不仅仅体现在时间上，更重要的是体现在参与方式对于有效学习的影响程度上。例如，学生在课堂上"读课文"与学生就课文内容"讨论"，这两种学习方式的参与度就有很大的差别。假如说 Productive（产出性、有效性）强调的是课堂教学的目的性，那么 Interactive（交互性、互动性）关注的就是课堂的教学模式、方法和手段，Engaging（参与度）则是考察一节课 Productive 和 Interactive 的标尺。教学活动的主体、行为模式及其在课堂教学中所占的时间比例是观察学习参与度的重要指标。假如把一节课切分为"A–P–P–L–E"五个阶段，每个阶段占用时间、活动主体、活动方式不同，那么教学模式和教学效果就可能产生很大的差异性。

三、MAP 应用于大学英语多模态课堂教学设计应当遵循的原则

（一）以 3M 为教学条件，彰显媒体间性，促进"教"与"学"

在计算机与大学英语课堂的整合中，"三多"（多媒体、多模式、多模态）是教学媒体要素的重要表现，充分彰显了媒体间性的作用。基于 MAP 模型的大学英语课堂教学设计要充分发掘媒体间性的作用，在充分发挥教师主导作用的同时，要真正体现学生的学习主体地位，最大限度地促进"教"与"学"。首先，教师要主动运用多媒体技术、多模式教学手段，丰富教学资源，创建数字化学习环境，改进课堂教学效果。其次，教师要充分发挥学生主动性，引导学生有效利用良好的教学资源和数字化学习环境做好课前预习，并为学生课堂学习设计恰当的任务，让学生在各种学习活动中积极主动学习新知识、新技能。

（二）以 PIE 为整体原则，强化参与互动，追求有效教学

PIE 代表有效性、互动性和参与性这三个原则，在 MAP 模型里，被视为一个整体原则。在具体应用时，应根据多媒体、多模式、多模态课堂教学的特征，以主体间性、媒体间性和文本间性的思想为引领，通过交互式教学，强化学生参与度，追求课堂教学的有效性。

需要注意的是，多媒体、多模式、多模态课堂教学并非等同于有效教学。课堂教学娱乐化也是多媒体教学需要警惕的一种现象，缺乏互动性、缺乏效率的多媒体课堂教学在大学英语教学实践中也较为普遍。正如秦秀白在《警惕课堂教学娱乐化》一文所说："多媒体课件作为课堂教学的一种辅助手段，已经显现出其特有的重要性和独特性，其功效毋庸

置疑。但近年来高校英语课堂上滥用和乱用多媒体课件的现象越来越普遍，导致课堂教学出现娱乐化倾向。"多媒体课件可以辅助教师在课堂上实施教学，但多媒体课件既不能替代教师在课堂上的主导作用，也不能替代学生自主学习的地位。我们应该警惕课堂娱乐化给学生学习和心理造成负面影响。

在教学实践中，的确存在部分教师无视教学目标、教学内容、教学规律和教学特点的现象。例如，有的教师上课离不开多媒体，一旦出现停电等现象，这些教师就不知所措了，好像没有多媒体就不能照常上课了。有的教师担任好几个班的教学，统一使用事先准备的 PPT，在课堂教学中以屏显替代板书，一节课没有任何即兴的板书。有的教师甚至以展示多媒体课件替代口头讲授。有的教师在课件设计上越来越精美，追求"眼球效应"，却忽视了课堂上的教学互动。有的教师让学生以听录音替代课文朗读，陪学生观看视频材料占用了大量的课堂教学时间，只有简单、被动的输入，缺少教学互动和语言输出。有的教师为了追求课堂气氛的"生动"和"活跃"，背离教学目标，大搞娱乐游戏和表演，表面上看，课堂气氛的确很活跃，学生笑声连连，但实际上并未实施有效教学。笔者认为，有效性是大学英语课堂教学设计的重中之重。在充分发挥多媒体、多模式、多模态教学优势的同时，必须警惕课堂教学的娱乐化。强调教师主导地位和学生学习主体地位，突出互动式教学，这本身就是警惕课堂教学娱乐化的一种表现。

此外，要实现有效教学，互动是关键。互动性是当代语言教学的核心原则之一，包括人际互动（师生互动、生生互动）和人机互动。课堂教学过程应该是一个多向（师生、生生、人机）互动的过程，通过合理的人际互动和人机互动，促进模态之间的合理搭配，避免因滥用多媒体课件而忽视学生主体性、分散学生注意力从而削弱教学效果。在大学英语教学设计中，应注重通过多媒体技术促进互动——既要加强人机互动，又要关照多模态语境下的人际互动。根据不同的多媒体教学条件，学习互动可有所侧重。如果在网络语言实验室授课，可以以人机互动为主、以人际互动为辅，把人机互动作为一个教学实践环节，充分发挥技术和资源优势，突出互动教学理念在数字化课堂教学中的落实。同时，教师也要有计划地跟踪学生的训练，与学生进行一对一的人际互动，或者组织学生开展小组实践。如果在普通的多媒体课室，可以以人际互动为主、以人机互动为辅。互动性是间性理论对教学改革的重要启示，它可以体现在教学资源、教学设计、教学组织和教学评价等多个层面。以教学资源为例，教师可以充分利用媒体间性，为学生自主学习提供多模态的学习资源和多样性的学习体验。例如，PDF 文档作为一种新型的多模态文本，它不仅是可供阅读、打印的文本，还可以通过超链接，使读者通过点击超文本链接而阅读或观看其他相关学习资源。

同时，参与性是有效教学的重要体现。由于大学英语课堂大班授课比较普遍，因此，如何加大学生的参与度、扩大学生的话语权、促进学生的个体发展，是确保学生中心地位的核心任务，也是大学英语课堂教学设计的核心问题之一。为了确保学生的参与度，教师不仅要注意利用课室的教学设备，而且要注意将课堂教学任务延伸到课外，强化以学习小组为主要形式的协作学习，并将学生及学习小组在课外的学习研究成果呈现于课堂教学过程之中。

（三）以 APPLE 为要素，加强教学设计，实施多模态教学

基于 MAP 模型的教学设计主要是利用多媒体、多模式、多模态教学优势，把 PIE 整体性原则贯穿于课堂教学组织的 APPLE 设计中。APPLE 的教学设计以间性理论、社会建构主义学习理论、输出驱动假设、多媒体学习认知理论、情境认知理论等为指导，突出教学设计的整体性、教学主体的互动性、教学的多模态化和跨文化性。APPLE 代表五个教学环节或者教学组织形式，它们之间相互支撑，教师可根据教学内容和对象，在每节课的设计中对不同方面加以侧重，可以对环节重新组合或者取舍。

下面结合大学英语多模态课堂教学实践，对 APPLE 设计要点做简要介绍。

1. 课堂导入的设计要点

在不同的教学模式、教学内容、教学目标、教学条件下，教师采取的课堂导入方式会所不同。课堂导入旨在激活旧知识，联结新知识、新技能，导入的方法可以是问答法，也可以是小组活动法、情景法、视听法、背景知识导入法等。但不管采取什么样的导入方法，都要充分体现教师的主导作用和学生的中心地位，都应当充分利用多媒体、多模式、多模态的作用，确保课堂导入的效果。

在课堂导入时，教师通常采用"对话—问答法"，即教师就事先整理好的、难度适宜、有代表性的问题向学生提问，或要求学生通过小组讨论后向全班汇报。学生结合预习情况，通过课堂上与同学交流讨论，激活了先前的知识和技能，领会到新知识。教师则通过聆听学生的对话、参与小组讨论或者与学生单独交流，促进教学互动，保障教学效果。

需要注意的是，在课堂导入过程中，教师必须清楚地了解学生容易产生误解的根源，有意识地引导学生运用所学知识和技能寻求解决问题的途径和方法。这种互动式教学对教师很具挑战性，教师必须学会运用新的技术和资源，及时调整教学实施方案。

2. 信息呈现的设计要点

这是讲授新课的环节，演示主体既可以是教师，也可以是学生或学习小组。教师可以根据教学内容，有计划地选择部分教学内容，提前分配给学生或学习小组准备，重视以学生、学习小组为主体的课堂展示与交流。为了保证学生或学习小组演示新课内容的效果，教师可要求学生或学习小组使用 PPT 等电子文档，并要求学习小组选派成员做好演示和解说脚本的准备工作。在必要的情况下，教师可以参与学习小组的准备工作并对小组汇报的 PPT 进行把关。在新课的讲授过程中，教师要注意选用各种不同的教学媒体、不同的新课讲授模式——既要突出多媒体环境下以计算机为演示工具的多模态教学，也要充分发挥语言学习中口头、书面、身体动作等交流渠道的优势，来突出交互性，促使学生有效利用各种交流模式进行积极、主动的语言学习。

3.同伴学习的设计要点

这是新课讲授之后学生的任务型合作和讨论环节，包括结对、小组、角色扮演、辩论、讨论等各种活动，目的在于通过交互式、真实性、建构性、分享式语言交际活动，帮助学生领会和掌握新知识、新技能，培养学生的合作精神和批评思维能力。此外，同伴学习还包括学生在课外开展的社团实践。当然，同伴学习也可作为课堂不同教学环节的组织形式，如课堂导入、信息呈现阶段的小组合作。同伴学习是 MAP 课堂教学模式中学生中心地位的重要体现，在课堂中占据的时间比例一般比较大，正因如此，教师的课堂设计就显得更加重要。教师必须围绕课堂教学目标，结合相关生活或工作场景，设计充足的教学任务，并组织学生以不同的活动方式试着运用所学知识和技能来完成任务。

4.学习强化的设计要点

同伴学习和学习强化是一节课的核心，同伴学习和强化学习之间的界限有时候是很难划清的。学习强化是在同伴学习的基础上，通过进一步的教学任务和教学活动，使学生强化所学知识和技能。学习强化教学环节与同伴学习教学环节的手段、方法可以是相同的，如两个阶段都可以采用小组合作的方式，但两个环节的教学任务应当区别性进行设计，同伴学习环节的任务尽量简单些，以模仿性、单一性应用所学知识和技能为主，而学习强化阶段的任务就要相对复杂些、系统些，与真实的生活或工作语境更贴近些。

5.学习评价的设计要点

学习评价既指课堂教学的一个环节或者学生课后的自我评价活动，也指教师对学生进行的形成性评价。学生既可以对照教学目标进行自我评价，也有机会体验教师如何对学生进行反馈和评价，利于学生自我调整，达到预期目标。而教师对学生进行的形成性评价则是指教师通过各种方式对课堂教学效果进行反思和评价，对学生的表现情况，特别是对学生在课堂教学活动上运用多模式交流互动的表现和学习效果进行客观的记录和评价，可作为学生学期总评成绩的重要组成部分。

（四）发挥教师主体的积极性和主动性

大学英语教学改革的关键在教师，因此应充分调动教师主体的积极性和主观能动性。现实中，与今天伴随着数字化发展而成长起来的一代学生相比，任课教师的信息素养普遍相对不足，多模态教学改革对大学英语教师具有挑战性。这也是主体间性视角给教学管理者的提醒。在数字素养发展不平衡的师生主体之间，教师必须率先改变观念，主动为创新教学模式"放下身价"，乐于与学生合作，共同提高多元识读能力。教师在教学中应充分利用多媒体教学条件，最大限度地调动和促进学生的多模态学习，使学生既通过听觉、视觉等模态加强信息输入，又作为交流主体，通过口头、书面、电子和身体动作等交流模式，强化反馈、互动等输出机制，实现有效的语言学习。

此外，教师应指导学生进行有效的课外学习，如参加社团实践等。

四、基于 MAP 的大学英语教案设计

基于 MAP 的大学英语课堂教学设计重视课堂教学环节，但不拘泥于传统的教学环节。基于 MAP 的大学英语课堂教学设计注重吸收第二代教学设计理论先驱人物梅里尔（Merrill）关于教学设计的 3E（Effective, Efficient and Engaging）原则及其提出的展示论证新知原理、尝试应用新知原理、聚焦完整任务原理、激活相关旧知原理、融会贯通掌握原理等五项首要教学原理，综合运用间性理论、多媒体认知学习理论、输出驱动—输入促成假设等理论，探索有效的大学英语课堂教学模式。

教学设计是课堂教学成功的基础。大学英语课堂教学设计应该遵循教育学、心理学和语言教学的规律，根据大学英语教学要求、标准及学

生学习实际，合理把握教学观念、教学模式、教学技术、教学技巧等因素，对教学目标、教学内容、时间安排、教学方法、课堂组织、教学媒体、学习活动、学习评价等做出明确的规划与设计。

根据 MAP 原则模型及其应用于大学英语课堂教学设计应当遵循的教学原则，下面以 B 学院大学英语精读课（上海外语教育出版社《大学英语精读》第三版）为例，介绍 MAP 原则模型在大学英语课堂教学设计中的应用。

B 学院非英语专业本科学生基础阶段大学英语课程开设 4 个学期，课程按照学期分为大学英语（一）、大学英语（二）、大学英语（三）、大学英语（四），每个学期 4 个学分，每周 4 学时；教材包括《大学英语精读》和《大学英语视听说》，按照读写综合课、视听说课两种课型授课，读写综合课每 2 周上 6 个学时、视听说课每 2 周上 2 个学时。读写综合课使用《大学英语精读》教材授课，以读写译教学为主，也适当结合听说，属于大学英语综合技能课。通常情况下，《大学英语精读》教材每个单元需要 6 个学时。下面的教案是《大学英语精读》第四册 Unit 2 单元中的一个小节，单元计划讲授 6 学时，案例是单元授课的第 1 小节（1 学时）。

作为一个单元（6 个学时）的第 1 节课，本节课的核心任务是新课导入和课文初步学习。下面要介绍的案例是一名青年骨干教师的备课教案。该教师在本节课的教学设计中，综合运用了游戏导入法、问答法、活动法、视听训练法、情景导入法等多种教学方法，并结合本节课教学任务特点，恰当地运用多媒体教学媒体、多模式信息呈现和表达渠道，调动学生多模态学习认知策略。

为了使教学设计规范化，在基于 MAP 的大学英语课堂教学实践中，该教师在教学过程中按照"MAP 课堂教学设计表"制作了教案，如表 5-2 所示。"MAP 课堂教学设计表"不仅包含了常规教案的要件，如章节、课时、教学目的、教学重点难点、教学过程（教师授课思路、设问及讲解要点）、教学评价（学生反馈及教师个人课后教学反思）等，还要求教师在教案中，明确本节课的 MAP 设计要点，并在教学过程完整设计中，根据每部分设计要点，酌情注释"MAP 要素"并做必要的 MAP 设计分析。

表 5-2 教学设计案例：MAP课堂教学设计表

单元	Unit 2 Deer and the Energy Cycle	课时	1
教学目的	Teaching Objectives and Requirements Students should be able to : （1）Understand the materials of the background information（Ecological System；Energy Crisis）. （2）Understand the text structure and grasp the main idea. （3）Understand the theme of the text（How to conserve energy？）.		
教学重点 难点	Teaching Important Points and Difficult Points : （1）Important points : ① Ecological System；Energy Crisis. ② Master the life of deer in the four seasons respectively；the important reading clue may help students to understand the whole text. （2）Difficult Points : What is the relationship between deers' four season life and the theme "How to conserve energy"？		
MAP 设计要点	3M : language media and non language media；oral，written，electronic，body movement；visual sense，hearing sense. APPLE : activation（10'），presentation（21'），peer learning（12'），evaluation（2'）. PIE : interactive；engaging.		
教学过程	教师授课思路、设问及讲解要点 General Teaching Procedure and Time Allocation Step1 : Lead in Activities（10'） Step2 : Text Structure Analysis（5'） Step3 : Text Analysis（16'） Step4 : Theme-related Information Learning（12'） Step5 : Conclusion Remarks（2'）		
教学评价	学生反馈		
	教学反思		

上述教学设计案例是 B 学院青年骨干教师在参与全国教育科学规划

大学外语教育研究专项课题"大学英语多模态课堂教学研究"过程中设计的教案。该课题组坚持"教学改革、教育科学研究、教师专业发展一体化"的工作思路，不仅要求课题组成员加强学习与研究，而且要求大家在自身教学中积极探索大学英语多媒体、多模式、多模态教学改革。课题组要求成员在编写教案时补充说明 MAP 在大学英语课堂教学及其评价中的应用。MAP 要素及设计思路，就是课题组的重要举措之一。

实践证明，要求在教案中对 MAP 要素及设计思路进行备注，使教师更加有意识地聚焦 MAP 课堂教学设计原则和方法，不仅为课题研究积累了丰富的教学改革经验和资源，也促使课题组教师不断深入学习和研究。自 2010 年本课题立项后，为了配合课题的有效开展，也为了改进课堂教学效果，提升师资队伍整体水平，提高教育教学质量，课题组提议并在本单位启动了一年一度的以"树标兵、强师能"为目标的课堂教学观摩与授课名师评选活动。通过对青年教师教案设计、教学竞赛的指导，特别是带领他们在本课题研究和实践中不断成长，本单位大学英语教师教学技能和科研素质普遍提升，涌现出一批优秀青年骨干教师。

五、基于 MAP 的大学英语教案评价

MAP 中的 M 既可用来指三个 M 开头的单词：媒体（Media），模式（Mode）、模态（Modality），也可用来指课堂教学中不可或缺的三个"多"（Multi-）：多媒体（Multimedia）、多模式（Multimode）、多模态（Multimodality）。M 代表着多模态教学模式的基调，它凸显了 M 教学媒体在大学英语课堂教学中的作用，而媒体间性的作用极大地改善了课堂话语的模式，优化了学生习得语言的模态，成为信息时代大学英语教学的重要支撑。

我们知道，英语课堂教学中学生动用的主要模态是听觉、视觉两种，但这主要是针对语言输入的方式，而决定英语教学有效性的一个重要指标是参与度，也就是说，我们更应当关注学生的语言输出，特别是在目

前我国高校大学英语教学中被普遍推崇的输出驱动教学中，学生要用口头、书面、电子、身体动作等话语模式进行语言输出活动。换言之，一个优秀的教案应当通过各种不同的教学活动安排，突出 3 个 M，充分发挥多媒体、多模式、多模态教学的优势，而这也是我们在评价教案关于学生主体参与度落实情况时的重要参数。

评价大学英语课程教案的另一个重要观测点就是 PIE 教学原则在教学流程、教学活动中的落实情况。PIE 指大学英语课堂教学设计和评价的核心原则，即以互动性、参与性为代表的有效性原则。

课堂教学的关键在于互动，在于学生的参与，而互动教学成功的关键在于教学设计。在大学英语课堂教学设计中，要充分利用多媒体教学条件，调动多模态学习，悉心布置 APPLE 五大支点，即课堂导入、信息呈现、同伴合作、学习强化和教学评价。

沙漏模式教学方法是由美国大学教授布罗克·布兰迪（Brock Brady）提出的。他将这一教学模式分为语言呈现阶段、强调重点阶段和练习活动阶段，指出沙漏模式是一种实用且有效的教学方法。其教学样例如表5-3 所示。

表 5-3　沙漏模式教学设计样例

时间安排	教学步骤	
9 分钟	语言呈现阶段： 视频欣赏：The Miracle Worker（奇迹制造者）。 欣赏过后，教师提出两个问题：Who does the Miracle Worker refer to？ Why do you think I had you watch this video clip？ 阅读并聆听美文：教师把这篇文章的精华部分浓缩成一篇文章，让学生在读过原文的前提下，通过听力练习，补全原文，从而达到欣赏与训练的双重目的。	
10 分钟	强调重点阶段	发现阶段：Underline all the adjectives（or adverbs）and sentence patterns which are used to express Keller's feelings.
23 分钟	练习活动阶段	练习阶段：针对形容词（或副词）和句型进行小组式练习。
3 分钟	布置作业： 课后作业：Happy Teachers' Day! 给心中最敬爱的老师写一封信。字数要求：不少于 120 个单词。时间限制：30 分钟。	

接下来本书根据大学英语课堂教学多模态话语构建原则模型 MAP，依照"3M—APPLE 五要素—PIE 原则"三步分析法，对该课堂设计样例进行简要评析。

（1）第一步：3M 分析

案例能够联系大学英语多媒体课堂教学实际，把多媒体、多模式、多模态的教学理念运用到教学设计中。例如，在语言呈现阶段，充分利用了视、听教学手段。但是，案例中的多媒体、多模式、多模态教学设计还不够明确、不够全面，例如，未发掘学生数字素养优势，没有安排学生运用多媒体技术展示学习成果。

（2）第二步：APPLE 五要素分析

案例基本能够体现 APPLE 五要素在课题教学中的地位和作用。

Activation（课堂导入）分析：案例没有安排课堂导入的教学环节，而是直接进行信息呈现，不过，在信息呈现中，通过视频欣赏和问题法，也基本实现了课堂热身的作用。

Presentation（信息呈现）分析：案例能够把握沙漏模式关于语言呈现的对话—文本—活动（Dialogue-Text-Activity）多模态教学策略，特别是突出了多媒体环境下以计算机为演示工具的多模态英语教学，也将活动纳入了这个阶段的教学设计。需要说明一点，MAP 模型中的信息呈现并不局限于沙漏模式的语言呈现阶段，也包括师生在其他教学阶段的演示。

Peer Learning（同伴学习）分析：这是任务型教学的重要方式，倡导结对活动、小组活动、角色表演、辩论、讨论等多种教学活动，强化学生对话与合作，促进学生个人发展活动。该环节是沙漏模式的重心，包括有控活动、半控活动、自由活动等三个分层，体现了从语言学习到语言习得的过程性发展。案例在教学时间安排和教学步骤设计上都能够突出活动教学法，仅练习活动阶段就占据整节课的 23 分钟，能够通过真实性、建构性、分享性等语言交际活动，创设良好的英语学习语境。

Learning Reinforcement（学习强化）分析：在 MAP 模型中，课堂教学过程被看作一个多向（师生、生生、人机）互动的过程，不能用多媒体课件束缚课堂教学、忽视学生主体性，也不能让绚丽多姿的多模体教学形式分散学生的注意力。学习强化要凸显交互式、互动教学的优势，通过恰当的交互性学习任务达到学习强化的目的。案例也基本上反映了这种教学理念，但没有充分调动学生在多媒体、多模式学习方面的主体性地位，过于突出了教师多媒体演示，没有充分注意到学生信息素养普遍较高的实际情况，没有把学生小组合作研究成果的多媒体展示设计进来。案例虽然也较好地遵循了体验式英语教学理念，但在促进学生通过多媒体技术创造真实的语言环境、促进体验式英语学习方面，应该得到一线教师足够的重视和灵活的运用，比如强化学生及学习小组基于任务的课堂多媒体展示，充分发挥互联网在英语教学中的作用。

Evaluation（学习评价）分析：案例淡化了课堂评价的作用，采取布置作业的方式留待课后或下一节评价，而没有采取小结性的评价并将课堂小结与布置作业进行有效关联。

（3）第三步：PIE 原则分析

PIE 的核心是互动性，课堂教学的关键在于互动，而互动教学成功的关键在于教学设计。以上 APPLE 五要素分析表明，案例符合大学英语课堂教学设计的 PIE 原则，即有效性、互动性、参与性。案例突显了交互性和参与性的地位，主要体现在以活动教学为重心的教学设计；有效性原则不仅仅涉及教学过程，还涉及教学评价，案例以任务型教学过程为主的教学步骤安排，能够部分地体现有效性原则，但还需要来自教师的评价，即教学反思。这样，每一环节课堂设计都不是孤立的，都成为教师行动研究的一个节点。

第六章　多模态英语课堂教学设计框架与应用

第一节　多模态教学方法的选择

教学方法的选择一方面受到教学理念的支配，另一方面受到教学阶段中教学目标的支配。到现在发展起来的各种各样的教学方法都是一定的教学理论所激发的，包括语法翻译法、直接法、自然法、模式训练法、听说法、情景法、口语法、交际法、社团语言学习、暗示法、沉默法、全身反应法、任务教学法、内容教学法、协商教学法等。

传统的语言学习注重传授语法和词汇知识，重视教师在课堂上的讲解。实际上，如何教语言知识是一个需要研究的问题。把语言看作技能是早期结构主义衍生出来的理念，由此产生了一系列类似的方法，包括模式训练法、听说法等。这些方法都强调，语言学习应该主要学习语法模式，并且把第二语言看作和母语相同的语言，可以通过相同和相似方法来学习。这种方法把语言学习看作交际，认为只有在实际的交际环境中，在不受任何其他因素的制约下才能学习好。据此发展起来的方法有直接法、口语法、情景法、自然法和新自然法。这些方法都强调，语言学习要直接进入语言交际中，同时也都把语言的结构学习看作主要的语言学习任务。其中，新自然法不仅强调语言的交际性，还发展了一系列新的教学假设来指导语言教学，包括：语言学习不是有意识学习，而是自然的习得；有意识学习知识用来监察习得学习的效果；习得按一定顺序进行；输入应该略高于学生的实际水平最好；情感焦虑会降低习得的效率，而动力则可以提高学习的效率。

把语言看作能力是功能主义语言学理论的派生物。这种教学理念认为，学习语言重在学习语言的运用能力，因此，学习的目标不仅是语言知识和运用语言的技能，还包括与语言相关的文化因素、社会交际能力、为人处世能力等。当前这种方法仍然占据统治地位，包括交际教学法、任务教学法、协商教学法等。

此外，在美国，在心理认知语言学理论的激发下发展起了人文情感教学法，强调以人为本、以人为主体的教学方法，强调学生只有在轻松愉快的环境中才能学习效率高。这些方法包括社团语言学习法、全身反应法、暗示法、沉默法。然而，在所有的课堂中都能创造出这样的环境是一个难以实现的愿望，所以，这些方法应用起来有限。

第二节　多模态教学的体裁结构

不同的教学理念与教学目的紧密联系，是形成教学目标的主要促动因素。下面重点介绍不同的教学理念在教学程序中的体现。

一、教材权威型教学理念下的教学程序

在教材权威型教学理念的指导下，英语教学的基本程序（体裁结构）是教师先做讲解，然后检查学生的理解情况等。其典型的教学阶段如下。

第一阶段：教师讲解，学生听同时做笔记。

教师首先把课文从语音、音素、词汇、语法、习语、特殊表达式、课文内容等多个方面给学生讲解，同时要求学生要认真听，做笔记，并且教师可以随时检查听课情况。

第二阶段：教师问问题，学生答。

教师讲解完后，要检查学生的学习情况。教师一般采用问问题的方式，把教学的重点和难点用问题的形式提出来，让学生回答，看学生是否听懂了讲解、理解了理论知识。

第三阶段：应用检查。

作为一个可选择阶段，教师通常要采用一定的方式来查看学生应用

知识的能力，以检查他们的掌握情况。例如，通过用关键词组造句、复述课文的主要内容、翻译主要段落、角色扮演等来考查学生把理论应用于实践的能力。这个步骤通常因为时间不足而被省略掉。

第四阶段：教师总结，学生记录。

教师课堂最后要把重点、难点归纳总结出来，让学生记忆，并留以一定练习让学生自学。

二、知识获取型教学理念下的教学程序

知识获取型教学理念与教材权威型教学理念具有相似的基本教学程序，即教师首先引出知识点，然后进行讲解，采用一些方法来检查学生的掌握情况，不再赘述。

三、技能训练型教学理念下的教学程序

技能训练型教学理念来自行为主义心理学的基本理念（"刺激—反应—强化"理论），认为英语学习是掌握一系列技能，学生只有通过不断地重复一定的模式，并就这些模式进行训练才能掌握它。这种教学理念要求教师采用循序渐进的方式进行，从声音到书写，从单词到结构，从语法项目到整体结构，使学生忘掉母语完全通过目标语训练。其主要教学阶段如下。

第一阶段：通过例证和总结以前的学习内容引出要训练的模式。这个步骤是要给训练项目定位，说明它用于发展什么能力，属于哪个层次的、哪个阶段的、哪个方面的。

第二阶段：教师就相关技能的训练方式和步骤进行指导，组织学生进行训练；学生的训练要在正确的路线和方向上进行，所以，需要教师的明确指导和说明。

第三阶段：学生自己学习训练，就一些模式中的问题进行反思。这是学生实际进行实践的过程，同时他们要根据实践的情况进行自我反思，

认识自己语言实践的成功与不足之处以及需要继续发展的方面。

第四阶段：复习和强化训练。在这个阶段一方面学生要继续训练，另一方面要根据上个阶段的反思，修正自己的训练方法和程序，以达到更好的效果。

第五阶段：总结。训练活动结束时，教师总结整个训练过程，包括成果和不足之处等。

四、经历体验型教学理念下的教学程序

经历体验型教学理念认为，学生只有进行实际的语言交际才能真正掌握语言，用语言进行交际，所以，经历体验型强调的是语言实践，特别是在真实语境中的实践，而不是就某个模式的训练。这类教学方法的难点在于寻找到合适的学习环境，能够真正进行语言交际体验。在这类教学理念指导下的教学程序主要包括以下几个阶段。

第一阶段：准备阶段，教师需要根据学生学习目标、交际任务，或者要交际的项目等创造或者寻找到合适的教学语境。

第二阶段：教师给学生的语言实践活动提供指导，以便使他们按照正确的程序和方法进行，使活动更加有效。

第三阶段：学生进入语境中进行实践活动，如进行商务谈判等。

第四阶段：学生自我总结、反思。学生完成实践活动后要对活动进行反思和评价，发现成果和不足。

第五阶段：教师总结。

五、资源发展型教学理念下的教学程序

资源发展型不把教学方式作为主要的因素，而是把教学目标作为主要的因素，所以，这种方法是首先确定教学的目标，即发展什么样的知识和能力，然后确定使学生获得这些知识和能力的方式方法。在这种教学理念指导下，教学主要包括以下几个主要阶段。

第一阶段：根据以前的教学情况和总体的与局部的教学目标，确定本课程的教学目标。教学目标的确定一方面要根据本课程总的教学目标来确定，另一方面要根据已经完成的教学任务和取得的成效来确定。

第二阶段：根据相关的教学目标选择合适的教学方法。目标确定以后，为了很好地完成教学目标，要选择合适的教学方法。教学方法的选择不仅要适合宏观的教学目标，还要适合局部的教学目标。

第三阶段：根据选择的目标和方法，教师对学生进行指导。教师需要使学生明确教学目标，同时就所选择方法的实施进行辅导，使学生熟悉所使用的教学方法。

第四阶段：按照步骤进行教学实践活动。根据教学方法在局部把教学分为不同的步骤，然后分步实施。

第五阶段：学生根据教学实践活动的情况进行总结和反思。学生要对自己的实践情况进行总结和评价，总结经验，发现不足。

第六阶段：教师总结。

由此可见，不同的教学理念可以促发不同的教学内容、教学程序和教学方法，但它们有一定共性特征，也就是说，由这些理念促发的教学程序有一定的相似性：它们都有一个准备阶段，确定要进行的教学活动；都有教师指导；都要有学生活动；都有学生的总结和反思活动；都要有总结活动。但这些阶段的实际内容是不尽相同的。

第三节 课堂教学模态的选择原则

选择了宏观和微观的教学程序实际上也在一定范围内选择了教学方法和教学模态。例如，如果选择了讨论这个程序段，则实际上选择了一种交际性教学方法，也在一定程度上选择了合适的教学空间、桌椅的摆放方式、面对面的对话等。然而，它仍然留下了很大可选择空间。如在讨论时是否要播放与讨论主题相关的背景材料，是否需要用PPT显示讨论的题目等是可以选择的。在这种情况下，对模态的选择一方面依赖于现有的条件和教师对于新教学技术的掌握程度，另一方面也需要遵循一定的原则，因为是否选择某个模态还取决于是否有效和在多大程度上有效的问题。

模态选择的原则是以模态选择的动因为基础的。为了取得更好的教学效果，教师要尽量选择多种有效的措施和方法，特别是技术手段；而从经济的角度讲，模态的选择是越简单越好。所以，教学模态的选择是在最优化和最简单化的矛盾之中进行的。从两者的先后顺序上讲，最优化原则是首选原则，这就是为什么尽管运用现代技术既昂贵又复杂，而教师还是尽力选用最先进的多媒体技术作为教学媒体。也就是说，通常模态选择的总原则如下：充分利用现代多媒体技术，最大限度地表达讲话者的意义，取得最佳效果。

在这个总原则指导下，模态的选择还要遵循相互联系的几个原则：有效原则、适配原则、经济原则。这些原则不是相互排斥的，而是共选关系，也就是设计者要同时考虑这几个原则，并做出选择。

有效原则表示选择任何一个模态都要以取得更好的教学效果为前提，避免无效使用某个模态，或者其所产生的负效应等于或者大于正效应。例如，用多项模态来呈现同一个意义能够强化记忆，但也会分散学生的注意力。如果这个负效应过大，其效果可能在整体上是负的，或者是零。这样就没有必要使用这种模态组合。

适配原则表示选择不同的模态时，要考虑不同模态之间的相互配合，以获得最佳搭配为标准。例如，几个独立的模态单独都可以产生正效应，但组合在一起则可能不能相互配合，而是相互摩擦，从而降低总体效应。例如，口头讲解和角色扮演都是有效的方法，而在角色扮演的过程中如果教师要做讲解，则会影响角色扮演对能力的培养。

经济原则表示要以最小的代价来达到要获得的目标，即在效果一定的前提下，选择的模态越少越简单越好。例如，宣布上课开始是口头话语可以完成的任务，不必要再用文字、图像等。

各个原则都还有自己的次级原则。

有效原则的次级原则包括工具原则和引发原则。①工具原则是在教学中，某种模态用以为教学主程序提供便利，如提供真实语境。虽然英语课堂不是真实的社会交际环境，但多媒体技术可以为其提供尽可能真实的语境，如图像、录像、声音等作为教学的实际环境，使其达到或接近最佳效果。例如，利用从真实交际场景中得到的录像材料作为英语教学的学习材料，让学生了解和认识真实语境的实际情况，使获得的语境知识更加具体，或者让学生模仿与录像中的交际者在录像提供的语境中进行交际。发展现代多媒体技术的一个最基本的理念是多模态交际可以使受话人通过多通道获得信息，比单模态话语更容易使受话人理解和记忆，如PPT可以通过视觉和听觉提供文字、语音、图形、图像、录像等。②引发原则是说现代技术还可以从内部提供动力，使学生从内心愿意从事这种活动，把外因转化为内因。

适配原则的次级原则包括互补原则和强化原则。①互补原则表示在同时选用两个或以上模态时，各种模态之间要相互补充，就是还原人类社会交际的本来面目，由一种模态不能独自完成的交际任务可以由其他模态来补充。例如，在讲一个语境依赖性强的对话故事时，如果没有图画，听者往往会不知所云。但是如果配上图画就很容易让人理解了，而且可以产生幽默等附加效果。②强化原则表示在同时选用两个或以上模态时，一般是一个为主模态，另一个对它进行强化，使传递的意义更加突出。强化原则还可以具体划分为前景背景原则和抽象具体原则。a.前景背景原则表示在同时选用两个或以上模态时，其中的主模态处于前景中，其他模态为它提供背景信息。在英语教学中，口头交际显然都是处在前景中，由其他模态提供背景。例如，在戏剧中，演员开始说话前和说话中会出现背景，提供事件发生的时间、地点、环境，还可以包括人物等。b.抽象具体原则表示在同时选用两个或以上模态时，一种模态表达比较抽象、概括、偏僻、理解难度大、深奥时，可以用另一种模态来提供其实例、说明、关系等，以使理解更加容易。

第四节　多模态教学的模态选择

上节所述的多模态选择原则都适用于英语教学课堂的模态设计。下面根据五种不同的教学理念对模态选择的需要，探讨在不同教学理念促动下倾向选择什么样的模态和模态组合。

一、教材权威型教学理念下的模态选择

在教材权威型教学理念的指导下，教材与多媒体教学工具相互配合来完成教学任务。两者的配合突出适配原则中的两种原则：互补和强化。从互补的角度讲，课本提供主要的教学材料，多媒体设备则可用以提供课本以外的信息等，如用图像、录像提供背景信息，提供具体的例证等。从强化的角度讲，多媒体呈现方式可以对课本的内容给予强化、突出，特别是突出其中的重点信息。

根据这类教学理念，模态的选择一般具有如下的特点：第一，选择合适的教学工具——除课本外，还需要记录本、PPT、计算机网络、实物投影、黑板等。第二，选择口语和书面语协调的方式。口语在教学中是主模态，讲述课本主要教学内容，但同时有些重点的、突出的、纲要性知识点则需要用特殊的方式进行强化，这样就可以用 PPT 上的图像、动画，或者实物投影等来强化相关知识和信息。第三，把课本上的某些重点信息在 PPT 屏幕上显示时，要选择合理的屏幕布局。第四，选择合适的突出字形、字号来突出标题、原文中突出的信息等。

二、知识获取型教学理念下的模态选择

在知识获取型教学理念指导下，教师的主要任务是向学生传授系统

和完整的知识，学生的主要目标是获取这些知识，这样，教师的教学重点是学生如何获取这些知识。在此方面，多模态选择原则中的工具原则以及适配原则中的强化原则起主要作用。工具原则用以使讲授的知识更加清晰；强化原则可利用图表等使传递的信息更加清晰、形象和具体。

从模态和媒体选择的角度讲，教师需要做好以下工作：第一，确定知识的来源，包括教师本人已有的知识、课本知识，以及来自其他渠道的知识，如百科全书、教科书、网络、学术著作和论文等。第二，语言上以口语和书面语协调的方式进行教学。口语为主模态，表现系统的知识，PPT和实物投影等提供宏观的、重点的信息。第三，选择合适的教学工具，如课本、相关教科书、百科全书、辞典、网络上的相关信息、PPT、录像设备、黑板等。第四，为了更好地突出重点信息，需选择合适的字形、字号来在PPT和黑板上突出某些重要信息；选择不同的颜色等来区别不同的信息；选择合适的图表等来总结信息和使信息系统化。

三、技能训练型教学理念下的模态选择

在技能训练型教学理念的指导下，教师需要根据所要教授的技能设计教学程序。技能教学的特点是突出行动、行为、动作，而不是讲授。

从模态和媒体选择的角度讲，教师需要做好以下工作：第一，选择口语为主模态，对学生给予指导和解释以及发指令进行训练。第二，选择合适空间布局来布置场景，如圆桌形、香蕉形、方形等。第三，选择合适的活动用实物。实物需要根据活动所涉及的内容确定。第四，选择合适的教学工具，如图像、PPT、录音、录像设备、黑板等。第五，选择合适的突出字形、字号、颜色来突出和区别重要信息，选择图表来表示行动的方式。第六，选择不同的手势、身势、动作、表情等来指导和控制训练的进程。

四、经历体验型教学理念下的模态选择

在经历体验型教学理念的指导下，教师需要根据教学计划确定所要教授的交际活动类型，并设计程序。在这类教学理念主导下，多模态选择原则中的适配原则是最佳选择，主要为互补原则，突出各种模态的相互补充；另外强化原则可在适当的环境中强化语言的作用。激发原则是伴随适配原则，使其更加有效的原则。

从模态和媒体选择的角度讲，教师需要做好以下工作：第一，选择口语为主模态，对学生给予指导、解释、说明以及发指令进行活动等；第二，选择合适的图像、实物、场所、空间来布置场景；第三，选择合适的教学工具，如PPT、录音、录像设备、黑板等；第四，选择不同身势模态，如手势、身势、动作、表情等来指导和控制实践活动的进程。

五、资源发展型教学理念下的模态选择

在资源发展型教学理念的指导下，教师首先需要根据计划确定所要教授的意义资源，包括知识、技能和整体素质，并据此确定教学程序和方法。在这种理念指导下，任何模态和方法都在可选择范围内，关键是根据不同的教学内容和局部目标选择合适模态组合。

从模态和媒体选择的角度讲，教师需要做好以下工作：第一，选择口语和书面语协调的方式，确定哪些信息（宏观的、重点的）应该在PPT上显示，哪些只通过口头表达；第二，选择合适空间布局来布置场景，如圆桌形、香蕉形、方形、传统型等；第三，选择合适的活动用实物，需要根据活动所涉及的内容确定；第四，选择合适的教学工具，如图像、PPT、录音、录像设备、黑板等；第五，选择合适的突出字形、字号、颜色来突出和区别重要信息，选择图表来表示行动的方式等；第六，选择不同的手势、身势、动作、表情等来指示和控制训练的进程。

第七章　高校英语基本技能的多模态教学

第一节　英语听力的多模态教学

一、听力教学理论的解构

听是语言输入的一项重要途径。先听后说、先理解后表达是人们进行语言习得的一项重要法则和规律。通过大量的听力练习，学习者可以获取大量的语言输入，不断地进行内化和吸收，从而提高自身的语言交流能力。

（一）听力与听力能力

1.听力

所谓听力，是有声语言在人的大脑中转变为意义并接收信息的过程。一些专家对听力的概念提出了自己的看法。罗宾（Robin）认为，听力是一个主动的过程，听者从听到和看到的信号中选择并解释信息，以确定正在发生什么事，说话者想要表达什么意图。还有学者认为，听力是人在头脑中对口头语言输入构建意义的活动。

可见，学者们对听力的界定都有"主动"和"构建"的含义，也就是说，听话人不只是简单地将自己听到的内容进行解码，他们需要将耳朵接收到的信息同时与大脑中已有的知识相联系，然后进行理解和推测，最终得出说话者真正的意图所在。

2.听力能力

学者巴克（Buck）提出了著名的交际听力能力模式。根据这一模式，听力能力可进一步细分为语言能力和决策能力。

一是语言能力。语言能力指的是听话人的语言知识，如语法、语篇、语用和社会语言学知识。语法知识主要是在语义层面上对较短话语的理解，包括语音语调、口语词汇、口语句法等知识点；语篇知识主要涉及对较长话语或两个以上交谈者互动话语的理解，如语篇衔接、修辞等知识点；语用知识主要是针对语篇功能方面的理解，或者是对相关语篇所要表达意思的深度把握；社会语言学知识主要是针对特定社会文化语境中语言内容的理解，如交谈者使用的语言是否得体等。

二是决策能力。决策能力是一种执行能力，是指人们在听的过程中如何运用语言知识的能力。在听力理解的过程中，人们需要利用各种策略来达到听懂的目的，而与此过程密切相关的策略有认知策略和元认知策略。认知策略包括对听到的材料进行理解、将所理解的信息储存在长短期记忆系统中、从记忆中索取被储存的材料信息。元认知策略包括四个方面的内容：在对话开始之前，对听者自身的知识、供其使用的内外部资源以及所听材料的情况进行检测；在对话过程中，对本人及对方的听力效果进行检测；在对话结束后，同样对本人及对方的听力效果进行检测；对听者语言运用的好坏情况进行检测。

（二）我国英语听力教学存在的问题

我国英语听力教学整体上呈现良好的态势，同时也存在一些问题。

1. 缺乏适度引导

在应试教学的影响下，英语听力教学也多是围绕考试这个指挥棒而转的。一些教师将教学重点放在如何应付考试上，以考试的方式训练学生的听力能力，不对学生做任何引导就直接播放录音。这就很容易使对生词、相关的知识背景等尚不熟悉的学生在听的过程中遇到种种障碍，不仅会降低听的质量，还容易使学生产生挫败感，因而对听力学习失去信心和兴趣。

与之相反的是，有的教师总是在播放录音之前对学生进行过多的引导，不仅介绍了生词、句型，还将材料的因果关系等一并介绍给学生。这样一来，学生即使不用仔细听，也可以选出正确答案，这就很难激起学生听的兴趣，听力教学也就失去了意义。

由此可见，如何对学生进行适度的引导，是关系听力教学质量的一个重要问题，太多或太少都会影响教学效果，教师应根据实际情况进行把握。

2.部分教师教学理念模糊

在英语教学中，部分教师的教学理念存在模糊现象。有些教师受应试教育理念影响，进行听力教学主要是为了应付考试，教师本身存在功利性。有些教师认为，听力教学只是单一的技能训练，从而把听力技能与其他技能分割开来。这都不利于教学效果的提升，学生的听力水平也很难得到改善。

3.部分学生心理负担过重

在听力教学中，部分学生存在焦虑度高、心理负担过重的现象。当教师播放听力材料时，有的学生甚至会大脑一片空白。还有的学生由于成绩不好，缺乏自信，甚至产生自卑心理。这些学生在听力课堂上总是感到紧张不安、焦急害怕。一方面，他们担心被教师提问，自己回答不出来；另一方面，他们担心回答得不正确会被同学嘲笑。更为严重的是，这些学生惧怕考试。这种长期的压抑状态，导致学生心理压力过大，学习情绪不佳，很难提高英语听力水平。

4.部分学生听力基础薄弱

部分学生听力基础薄弱主要体现在以下几个方面。

一是英语基础功底差。有点学生即使到了高校阶段，所掌握的词汇量、语法仍然十分有限，对语音的识别能力还很欠缺。这些都直接成了提高听力能力的重大障碍。

二是缺乏西方文化知识。听力材料中不可避免地会包含一定的文化信息，而学生对西方英语国家的历史文化、自然地理、风土人情、思维方式、行为习惯等不了解就势必会影响听的效果，甚至会产生错误的理解。

三是不良的听力习惯。我国的英语教学具有较强的应试性，这种环境不利于学生养成良好的听力习惯。另外，很多学生在课外很少练习听力，因而导致他们的听力能力欠佳。

（三）听力教学的内容

高校英语听力教学的内容通常包括四个方面：听力知识、听力技能、听力理解和语感。

1. 听力知识

听力知识的掌握是听力能力提升的根基，对英语听力学习来说十分重要。一般来说，听力知识是由以下几个方面构成的。

一是语音知识。听力理解首先需要输入听觉信息，因此了解语音知识对听力理解的进行起着根基性的作用。语音知识的教学也是听力教学的重中之重，直接影响学生后续听力水平的提高。

二是听力策略知识。听力策略知识对于听力任务的完成十分重要。具备了一定的听力策略，学生就可以根据实际情况进行听力方式的选择，从而增加了听力活动进行的灵活度。

三是文化知识。听力语言材料中通常包含了广泛、丰富的文化信息。英语听力中包含着两种甚至多种文化，如果学生不了解一定的文化常识，是无法顺利进行听力实践的。

四是语用知识。在听力材料中通常会涉及一些有关言谈交际的话题和材料。对这些材料的理解通常需要借助于相应的语用知识来有效的把握。

2. 听力技能

听力技能属于较高层次的实际运用语言的能力。要想较好地改善学生的费时低效的听力学习现状，并提高听力教学效果，需要重视听力技能的培养。具体来说，听力技能主要包括以下几个方面。

一是交际信息辨别能力。人们在进行听力活动时，能够体现出信息的交际性。大体而言，听力材料都是由交际性语言组成的，因此学生掌握交际信息辨别能力十分有必要。

二是词义猜测能力。在听力实践过程中，听者不可避免地会遇到一些陌生的词汇，此时如果听者一直思考生词词义，则有可能影响对后续听力信息的接收。具备词义猜测能力是一名合格的听者的必要条件。常用的词义猜测方式有根据上下文判断、借助整体语境、搜寻已有信息等。

三是大意理解能力。这项听力技能的教学内容主要是要求学生能够及时抓住交际者的意图。

四是辨音能力。在听力理解的过程中，学生需要具备基本的辨音能力。例如，辨别音位、语调、重读音节等。

五是预测能力。预测能力指的是根据一定的语境信息以及已有知识，来预测下文语言话题的发展与转向，这在听力实践中十分重要。在听力教学中，对学生预测能力的锻炼有助于学生提升听力效率。

六是评价能力。评价能力能够影响听力活动的进行，指的是听者对所听内容的评价与表达能力。

七是选择注意力。选择注意力也是在听力教学中应关注的教学内容。具体而言，选择注意力就是按照听力目标的不同，让学生将其注意力集中在不同的内容上。

八是推理判断能力。交际是交际者在一定的交际目的下进行的，因此言语不仅能够表达出一定的话语信息，还体现着说话人的交际信息。听者需要根据一定的推理判断，去揣摩说话人的意图，从而保证交际的顺利进行。

九是对细节的把控能力。语言材料中包含着很多细节，这些细节是进行听力理解的基础。听者只有具备对细节的把控能力才能以更加积极的心态去进行听力理解活动。

十是记笔记的能力。众所周知，听力活动带有口语活动的特点，因此进行时间短、不可重复。在一些正式场合，听者具备快速记笔记的能力，能够完善对信息的掌握，也有助于对整体信息的理解。

3. 听力理解

听力理解不仅包括语言的字面含义，还涉及语言背后的深层含义。在实际的听力教学中，教师不仅需要教授给学生具体的听力知识、技能和策略，还需要提高学生的听力理解能力。

一是辨认。在听力理解中，辨认是其前提，也是听力活动发展的基础。语音辨认、信息辨认与意图辨认是辨认的主要内容。其中，语音辨认是最简单的，只要学生掌握了一定的英语知识即可；最困难的是意图辨认，不仅需要听者以语音、信息辨认为前提，还需要积极发挥自己的交际能力和文化能力。进行辨认能力训练，教师可以采用乱序训练法，即将一个完整的听力材料打乱顺序，要求学生进行重新排列，并指出每一部分所对应的辨认方面。

二是转换。听力理解中的转换指的是将所听材料中的内容转换表达的能力。这种转换不仅需要听者辨别听力材料中的内容与句型，而且需要听者根据已知信息进行适当转换。它是对听者能力的考验，也是听力理解的第二个层次。

三是重组与再现。听力理解的第三个层次是重组与再现，这需要教师对学生的口头、书面表达能力进行提高。

四是社会含义。听力活动属于交际活动的范畴，在语言上有着礼貌、得体的特征。因此，在进行听力理解时需要听者仔细把握原文，对其社会含义进行准确理解。听力语言形式十分丰富，会涉及不同的话题，教师要训练学生根据不同语境进行描述的能力，同时在描述过程中需要学生理解语言背后的深层内涵，从而促进听力活动的进行。

五是评价与应用。对听力语言进行评价与应用是听力理解的最后层次，也是难度最大的内容。听力理解带有目的性、交际性，需要听者明确交际意图，并进行语言回应与沟通。因此，在听力教学过程中，教师需要锻炼学生在不同的听力理解层次进行灵活的听力行为训练。此外，为了提高学生的评价与应用能力，教师可以在教学中增加听力讨论与交际的练习。

4. 语感

所谓语感，指的是对语言的感悟能力，这种感悟带有直接性，但是可以通过不断的练习来提高。在听力活动中，即使缺乏一定的语境条件和必要信息，良好的语感也能够帮助听者进行语言行为的预测与判断，从而促进听力活动的进行。

（四）听力教学的原则

1. 综合听与分析听相结合原则

综合性的听是指对听力材料进行整体性的理解。这一原则主要适用于解决听力材料中的主旨大意以及对整体思想的分析问题。因此，当综合听的时候，教师为了能够让学生保持听的积极性，可以先降低听力材料的难度，然后再逐步提升。

分析性的听主要包含两层含义：在听的过程中进行语言分析；把听的材料进行分解，让学生分步听。简单来说，分析性的听就是比较注重听的细节，小到一些词语、词组、句子、句组，大到一些段落、文章，学生需要理解或完成一些任务。因此，学生在听的过程中要专注，尤其是要记住与任务有关的一些时间、地点、数字等。

综合性的听着重于深层含义，而分析性的听着重于细节。可见，综合性的听应以分析性的听为基础。在听力训练中，由于大多数听力题会涉及文章大意以及细节，因此需要将二者有机结合起来。

2. 分散训练与集中训练相结合原则

分散训练与集中训练相结合也是听力教学需要遵循的重要原则。所谓分散训练，是指将听力教学分散于语音、词汇、语法、句型等课文教学之中，让学生无意识地接受听力的训练。在教学中，教师应尽可能采用口头形式教授例句、段落、篇章。由于听的活动需要集中注意力，时间一长很容易造成疲劳，因此分散型训练是一种十分有效的方法，而且它也会潜移默化地提高学生的听力水平。

从专门技能训练的角度来说，仅仅依靠分散型训练是不够的，还需要集中型训练。所谓集中型训练，是指学生在分散型训练的基础上，每周花费 1～2 个小时来进行强化训练，帮助学生解决在听力中遇到的一些问题。集中型听力训练有助于给予教师时间，来解决学生遇到的共性问题，或针对不同学生进行针对性的指导和帮助。总之，坚持分散型训练与集中型训练相结合，才能真正让听力训练省时高效。

3. 听、说、读、写相结合原则

在高校英语教学中，听、说、读、写四项技能虽然各有其特性，但彼此之间是相辅相成的，因此应坚持听、说、读、写相结合的原则。

首先是听读结合。听读结合的训练有助于增强学生的语感，同时能够将材料中单词的音、形、义相结合，减少对整个材料判断的误差。读的材料一般会选择与课文相近或者难度相仿的材料，学生通过边听边读，可以在理解内容的同时矫正读音、语调。另外，长期的听读训练，有助于加深学生对文本材料的理解，而且有助于提高他们的语言反应速度。一般情况下，听力和阅读材料的词汇输入量比较大，词汇的重复率比较高，因此在遇到其他的听力和阅读时，听者可以很快将这些熟悉的词语从记忆库里调出，最终帮助听者理解文意。

其次是听写结合。听写结合要求在有效的时间内将听到的内容记录下来，这是个同步的过程。当听到一段材料时，人的头脑中会形成短时记忆，要想将这些短时记忆变成长时记忆，就需要写出来。当然，这需要对语言的敏感度以及高度集中的注意力。很多时候，学生能够听懂某段材料并不能保证将其写准确，只有将听与写有机结合，才能真正提高学生的英语水平。因此，教师在日常教学中，应该有意识地培养学生的听写能力，由于这种训练具有较高的难度要求，刚开始的时候可以先听一些简单的词汇或者句型，进而逐步拓展成段落、文章。

再次是听说结合。听、说是两个紧密联系的语言技能，听力训练的过程是为了熟悉口语的过程，口语训练的过程也是为了锻炼听力的过程，二者是相互促进的。在听力教学中，教师应该努力让学生从被动地接受变成主动学习，引导他们积极参与到听力教学实践中，因为只有听懂了，才能说得出，从而完成交际。在口语训练中，同样的一句话，运用不同的重读、语调，会传达出不同的意思，因此在听力训练中应该多加注意。对于这种情况，教师应该鼓励学生多运用课内外的机会用口语进行表达，从实践中揣摩出不同重读、语调的意义。

最后是视听结合。视听结合的手段是现代英语教学的重要手段。传统的听力教学一般都是教师教授理论，进而放制作音频，学生答题，教师给出答案这一系列的步骤。但是这些已经远远不能满足目前学生的需求。在今天的听力教学中，教师应该充分发挥多媒体的作用，在课堂上播放一些音频、视频的材料。在课余时间，教师应该鼓励学生多接触一些英语电视节目、网上视频英语等，使视听相结合，从而促进学生对语言材料的理解。

二、听力教学理论的重塑

（一）基于信息技术的高校英语听力教学的优势

相对传统的听力教学而言，信息技术应用于听力教学有着显著的优势。

1.突破时空限制，改变传统听力教学模式

信息技术的共享性和丰富性对传统课程资源产生了冲击，课程资源的物化载体已不仅仅是教材和书籍等纸质形式，还会涉及网络资源等多媒体形式。也就是说，在信息技术支持下，教学内容可以不限于课本的内容，学习活动也可以从被动的接受转变为研究性、探索性的学习。

现代信息技术体现的是一种随时随地的学习方式，学生可以根据需要自主选择学习时间和地点，自主掌控学习内容和进度。课件的形式是以文本、图表为主，这从视觉上使学生更舒适，营造出真实的情境和氛围，改变了传统的教师与学生的单向传导，转化为教师、媒体与学生的交互传导。在这一模式下，教师不再是训导者，而变成了助学者和启发者。

2. 体现"以人为本"

素质教育要求高校教育面向全体学生，提升学生的综合素质。在高校英语听力教学中，利用信息技术的多种功能能够将"以人为本"的理念体现出来。例如，在多媒体语音室中，教学内容并不仅仅依靠单一的教材，而是运用了多种现代技术形式，学生可以根据自己的需要来选择内容，接听他们易懂的且比他们本身程度较高的语言输入，不断地消化、学习，内化成自身的语言能力，提升听力水平。

3. 发展学生的自主性，培养学生的合作能力

听力理解课程的主要目的是培养学生的听力技能，帮助学生解决"听什么"的问题，但是信息技术的引入，可以帮助学生解决"怎么听"的问题。在信息技术环境下的听力教学中，分组教学功能和自主学习功能有助于提高学生的学习兴趣，也能够帮助教师实现因材施教。在教师的指导下，学生自主选择适合自己的材料训练听力，培养自主学习能力；或者分组进行合作学习，共同完成某一听力目标，共同获取信息和研究成果，从而培养学生的合作精神和团队精神。

4. 凸显认知主题，利于因材施教

信息技术系统为教师提供了多种教学资源。通过计算机和网络，教师可以完成备课或者修改教案，并将备课资源通过网络传输给学生；教师也可以运用网络考试系统，进行无纸化的考试；教师还可以在计算机上进行考试试卷的分析。因此，信息技术系统为教师和学生提供了一个

生动、形象的听力材料创造性平台，教师不仅可以运用网络提供的资源，而且可以自己制作课件。

在传统的听力教学中，教师很难全面了解学生的学习质量和学习情况，但是信息技术的引入，使教师可以随时了解学生的情况，尤其是其中的监控功能，可以对每位学生的学习情况进行随时了解，从而有助于教师对学生展开一对一纠正。教师了解了学生的学习情况，清楚了学生的口头表达能力，那么就能够有针对性地辅导学生，做到因材施教。

（二）基于信息技术的高校英语听力教学的方法

基于信息技术的高校英语听力教学，不仅有助于提高教师的教学效果，而且有助于提升学生的听力水平，它可以为学生的英语听力学习带来广阔的空间。那么，如何将信息技术准确、合理地应用到英语听力教学中呢？当前，我国英语教学不是没有教师指导的完全意义上的自学，因此，基于信息技术的高校英语听力教学不能忽视教师的作用。利用信息技术培养学生的听力能力，教师可从以下两个层面着手。

1. 建构听力学习环境

听的本质是一种交际活动，而学习成功与否的关键因素在于学生，基于这两点考虑，在听力课堂上，教师应该充分利用现代信息技术，为学生构建良好的自主学习环境。具体来说，教师应该做到以下几点。

一是为学生创建丰富的、真实的、有助于听力理解的交际语境，使学生犹如身处真实的语境中一样，使他们能够感受到听的实用性，进而增加学习的兴趣和愿望。

二是利用多媒体资源丰富听力教学，激发学生的学习兴趣。

三是选用真实的听力材料，这样一方面能增强学生对学习内容的认同感，另一方面能使学生接触地道的语音、表达，有助于学生在日后实际的对外交往中听得更准。

四是设计与真实语篇相关的课堂活动，可采取小组合作的教学活动，从而减少学生对教师的依赖感，减少学生的焦虑情绪，使学生在合作交流中碰撞出思想的火花，增进学习的主动性。

五是为学生提供合作互动、沟通交流的机会，使学生在参与中逐渐掌握学习的方法，找到学习的乐趣，增强学习的动力。

六是教授学生一些对所听内容进行评论、提问的反馈语言，如"Really？""I don't think I understand you.Could you say that again？""I beg your pardon."等，使对话继续下去。

2.培养听力自主决策能力

在信息技术环境下，学生听力自主决策能力的培养要注意以下两个方面。

首先是要学习并掌握获取信息的硬件上的操作技能。只有掌握了现代信息技术的操作技能，学生才能实现与教师或者同学通过网络技术的实时交流。

其次是要培养收集、整理、利用信息的能力。学生要能根据教师布置的学习任务，借助现代信息技术自行搜索、收集信息，对获取的信息进行分析、整理，并充分利用这些信息提高语言能力。

此外，还要通过现代信息技术，让学生对自身自主学习的效果进行评价。

总体来说，借助信息技术所提供的网络化虚拟课堂，学生的角色发生了转变，他们从知识的被动接受者转为学习意义的自主建构者。在听力理解过程中，他们以自己的整个身心去感受听力语篇中呈现的各类信息，同时借助信息技术将自己的观点与思想生动地传达出来，主动参与学习交互活动，培养了自主学习的能力。

第二节　英语口语的多模态教学

一、口语教学理论的解构

口语以口头表达的方式来输出信息，是表明观点、传递信息或表达情绪的重要输出技能。因此，口语教学是英语技能教学中不可或缺的重要组成部分，在高校英语教学体系中占有不可替代的地位。

（一）口语与口语能力

1.口语

口语，即口头语言，指的是人们日常口头交谈时使用的语言。该种语言属于日常会话的通俗语言。可以说，世界上所有的民族都有自己的口语，这种语言是通过声音来传播的。有学者指出，口头语言的学习通常段要经历以下阶段。

（1）由听话到说话阶段。不管是学习母语还是外语，听都是学习的重要前提。换句话说，听话是说话的准备，只有说话者了解了听的机制，才能有效地开展口语交际。因此，在英语口语教学中，教师应合理安排好听的教学活动，对先听后说的规律给予充分重视，通过听的训练来把学生主动开口说的兴趣激发出来，调动学生开口说的动机。可见，英语口语教学必须以听带说、以听促说，将听与说有机结合在一起。

（2）由不自主到自主阶段。英语的学习与使用常常要经历一个由不自主到自主的发展过程，英语口语的学习也不例外。学生在刚刚开始学习英语时常处于一个被动、不自主接受的阶段，慢慢会进入自主接受的阶段。由于学生在个性差异与努力程度方面具有不同的特点，因此这个阶段的长短也会因人而异。

在英语口语学习的初级阶段，学生常常忽视语言意义的学习，而主要将注意力放在语言形式上。在英语交际中，学生很难对对方话语的内容有所关注，他们感兴趣的主要是对方的词句。当然，随着开口说英语经验的不断积累、说话环境的适应以及习惯的养成，学英语的人经过不懈的努力，就可以从不自主状态转化为自主状态。自主说英语的状态有如下表现：注意力主要集中于自己所说的内容和对方所说的内容，而不是语言形式；怎么想就怎么说，而不是先想好了后说。

说话中的自主感或不自主感的确定主要取决于说话人的心理状态，此外还受到说话人语言水平的影响与制约。当说话人在主观上和心理上将英语视为一种交际语言时，就可以轻松、自由地进行表达，因此会产生一种自主感。在这种自主感的影响下，说话人关注的是语言的语用含义，而不拘泥于语法、结构、规则。

根据说话的这种机制，英语口语教学中应力求使学生树立自主学习英语的感受。教师可以遵循说的心理规律，创造与学生语言水平相吻合的情境和轻松愉快的课堂气氛，引导学生积极地按照话题思考、联想、想象、回忆，经过不断实践，学生的自主感就会固定下来。

就宏观层面而言，说外语时是否有自主感与整体心理有紧密的联系。我国传统的外语教学模式是以教师为中心的，学生开口说的机会并不多，进行说的训练有助于改变这一现状，使学生多开口、多思考，积极主动地参与到教学活动当中。随着说的训练的不断展开与深入，学生会就各种问题展开讨论和辩论，阐述自己的观点，这样就提高了学生的自信心。

学生说英语的自主感的形成与整个心理状态的完善息息相关：自信心强对自主感发展有积极的促进作用；反过来，说的自主感又会提高学生的心理素质。因此，在英语口语教学中，教师不仅要关注教学技艺和训练方法，还要重视开发学生非智力因素。对学生要以鼓励为主，对敢说和说得正确的部分给予肯定和表扬，尽量不用明示法纠错。

（3）由想说到说明白阶段。动力是人类进行行为动作的重要心理特征。在说话过程中，只有说话人产生想说的念头，才会进行交际活动。

当念头产生之后，说话人主动将想说的内容与言语的表达形式相联系，进而诱发"如何说"的行为状态。总结起来，说话人从想说到说明白，就是说话的心理机制。至此，言语活动产生。通过上述对口语的研究可以发现，动机是交际产生的前提与基础，而说的活动既是一个想说、说什么、怎么说的过程，又是一个不断观察、调整、修正的过程。

2.口语能力

口语能力是指个体通过听、说与他人之间进行顺利交际的能力，是语言能力的一种外化。口语能力要求学生综合运用学过的语言知识与材料进行创造，该能力是英语教学的根本目的之一。口语实践是提高英语口语交际能力的根本途径，然而，口语能力的提高是一个漫长的过程，学生要想提高自己的口语表达能力，只有一种途径——多说、多练。当口语达到一定水平时，英语语感就会慢慢形成，在这个过程中，英语思维也会逐渐形成而英语思维的形成，会有效提高英语口语输出的效率和准确度。通常而言，口语能力的提高既受到主观因素的影响，又受到客观因素的影响。其中，主观因素包括词汇量的多少、发音的准确与否、兴趣的大小以及文化背景知识。客观因素则包括语言表达的环境、场合等。教师在口语教学过程中，务必要注意学生主观、客观两个因素对其口语能力的影响，如此才能有效提高口语教学的质量。

（二）我国英语口语教学存在的一些问题

我国英语口语教学整体上呈现良好的态势，同时也存在一些问题。

1.部分教师的教学方法陈旧

我国部分英语教师已经意识到了口语教学的重要性，但因教学方法陈旧，导致教学效果不甚理想。在口语教学上，他们按照讲解、练习、运用的传统模式教学，虽然从表面上看这种教学符合教学和学生学习的规律，但是由于没有考虑英语口语的具体特征，在很大程度上制约了学生主动性的发挥，未能充分发挥学生口语学习的积极性。

在这种教学模式下，学生的口语学习和其他学科一样，处于一种被动接受知识的局面。这种教学状况导致学生读写水平不错，但听说能力不佳、交际能力低下。由于英语口语是在近些得到迅速关注与发展的，而一些英语教师在自身学习时没有经过良好的口语训练，当进行口语教学时，势必会出现不知所措的局面。可见，英语口语是一个长期发展的学科，需要教师提高自身的素质，紧跟社会形势，用创新的眼光进行英语教学工作。

2. 部分教师对学生的纠错方式不科学

教师对学生学习中出现的错误进行纠错是很正常的情况，而且大部分学生也都希望教师能够对自己在交际中存在的错误进行及时纠正。但是，如果教师的纠错方式不科学，不仅不会起到鼓励学生的作用，反而会对学生的口语学习造成不利的影响。在口语教学中，一些教师一旦发现学生出现交际问题，就立即纠正，这样不仅容易打乱学生的正常思路，而且会伤害学生的自尊心，进而使学生出现紧张、焦虑，最终使学生失去说的勇气。因此，在学生具体的交际过程中，教师对学生的错误要持宽容态度，对学生的错误进行恰当的纠正，使学生在意识到自己错误的同时，愿意积极学习口语。

3. 配套教材缺乏

目前市场上现有的口语教材，要么是专门针对某一专业、领域的口语教材，难度较大；要么是有关简单的问候、介绍、谈论天气等日常用语的教材，内容过于简单。配套教材的欠缺无疑是阻碍学生提高口语能力的一个重要因素。

4. 部分学生心理压力较大

由于教师与学生在口语方面投入的时间较少，因而很多学生在英语口语方面表现欠佳，具体表现在以下几个方面。

一是学生在进行口语表达时常常缺乏自信，他们总是担心自己出错，担心被批评、被耻笑。尽管有些学生的口语能力不像他们想象中的那么差，但仍然不愿意开口说英语。这些负面情绪对口语水平的提高影响很坏。

二是由于不懂得话题展开的技巧且缺乏必要的练习，学生很难将学到的词汇、语法用在口头表达中，因而造成无话可说或不知如何去说的尴尬局面。

三是学生受汉语影响较大，在口语表达上难免会出现各种各样的问题。有的学生说的英语带有地方口音，听起来十分可笑；有的学生发音不准，影响了语义的表达；有的学生不能正确使用语调、重音等，影响了口语表达的标准性。

（三）口语教学的内容

培养、提高学生的英语口语表达能力与交际技能是高校英语口语教学的宗旨，因此语音训练、词汇和语法、会话技巧、交际策略是高校英语口语教学的主要内容。

1. 语音训练

英语口语训练应以英语语音训练为前提。帮助学生掌握正确语音、语调是语音训练的首要目标，具体涉及停顿、意群、重读、弱读、连读、音节等。如果没有掌握规范的发音，不仅难以表达自己的观点，还会导致对方出现理解障碍。

（1）当口语中出现事物的罗列或者选择疑问句时，通常在前半部分使用升调，在后半部分使用降调。例如：

I like apple ↑ , orange ↑ and watermelon. ↓

Are you English ↑ or Chinese ？ ↓

（2）在英语中，可用 Yes 和 No 来回答的疑问句和表示怀疑的问句通常使用升调。当对别人的话语进行重复时，也常使用升调。例如：

Are you ready ？ ↑

A：This is a typewriter. ↓

B：Typewriter. ↑

（3）英语中使用降调的句子一般包括不能用 Yes 和 No 来回答的疑问句、附加疑问句、感叹句、命令句、肯定句等。例如：

Where are you going？ ↓（疑问句）

She is a popular singer，isn't she？ ↓（附加疑问句）

How beautiful this necklace is！↓（感叹句）

Take me to the post office. ↓（命令句）

I went to the cinema last week. ↓（肯定句）

可见，语句的含义与语调之间存在密切联系，教师应引导学生对不同语调对于意义的影响予以重视。

2.词汇和语法

在口语表达过程中，词汇与语法发挥着不可替代的作用。具体来说，如果没有必要的词汇储备，很多思想、观点就无法准确表达出来；如果没有基本的语法知识，句子内部的逻辑关系就容易出现混乱，交际也就难以顺利进行。因此，词汇与语法也是高校英语口语教学不可或缺的内容。

3.会话技巧

培养和提高学生的口语表达能力，使他们能对一些会话技巧进行熟练运用，从而使交际得以顺利进行是口语教学的根本目标。因此，会话技巧也是高校英语口语教学的重要组成部分。

（1）开始交谈。例如：

Excuse me，sir. I......

（2）表达观点。例如：

I'd like to point out that...

（3）承接话题。例如：

That reminds me of...

（4）提出请求。例如：

A：Are you using your camera？

B：No.You want to borrow it ？

A：Yes，if you＇re not using it.

（5）转换话题。例如：

I nearly forgot!...

（6）获取信息。例如：

I＇d like to know...

（7）发出邀请。例如：

A：What are you going to do tonight ？

B：Nothing important.Is there any arrangement ？

A：Come to take part in my birthday party then.

（8）结束谈话。例如：

Well，thank you for a wonderful day.

4. 交际策略

交际策略是指当某语言使用者在话语计划阶段，由于自身语言方面的不足，而无法表达其想要表达思想时所采取的策略。在交际过程中，为克服因语言能力不足而导致的交际困难，交际者使用语言或非语言手段的能力即为交际策略能力。交际策略是口语教学的重要内容。

口语交际活动往往不可预测，因此交际过程中遇到尴尬局面是难免的，这就要求交际者具备一定的交际策略能力，以便在需要时借助交际策略来解决遇到的困难，促使交际顺利进行。一般来说，交际策略能力包括以下两个方面。

首先是协商能力（Negotiation Competence）。协商能力是指在发生理解困难时获取意义的能力。

澄清信号是协商能力的重要内容。在交际过程中，如果听话人没有完全理解讲话人的语言，或没能听清讲话人的意思，这时听话人可请求重复，或直接要求讲话人加以解释，如 "Pardon ？" "What do you mean by saying... ？" "What does...mean ？" 等。通过运用这一交际策略，交际者可将自己的意思清晰地传达出来使交际渠道畅通，从而使交际顺利进行。

其次是补偿能力（Compensation Competence）。补偿能力是指发生困难时使对方理解自己讲话内容的能力。补偿能力通常包括如下几个方面。

第一，使用肢体语言。在交际过程中，交际者可适当借助肢体语言来表达自己的观点与看法，保证交际顺利进行。第二，使用同义词或类别词。在交际过程中，如果交际者缺乏关于某一话题的词汇，可采用自己熟悉的同义词来代替，如用"dark"来代替"gloomy"。第三，使用会话填补词。在交际过程中，有时交际者可能会一时想不出想要使用的语言，这时可适当运用一些填补词，如"...and you see..." "...er，that's a very interesting question..." "...well，let me think..."等，一边说一边思考，控制说话节奏，确保讲话连贯。

在高校英语口语教学过程中，教师应注意向学生介绍一些英语国家人们的交际策略，使学生了解英语语言规则和交际规则，提高英语口语交际能力，在交际过程中更好地让自己的讲话内容被对方理解，并更好地理解对方的语言，提高和改善跨文化交际效果。

（四）口语教学的原则

1.互动性原则

口语学习和练习的最终目的是进行交际，即互动。在口语教学过程中，教师不能只让学生机械地进行训练，需要让学生的训练过程充满互动性，让学生能够在训练的过程中提升自己的口语水平。

互动性原则的着重点在于"动"，具体来说，就是对某一话题所展开的练习具有动态性。在口语教学中，教师如果按照传统的口语教学模式，仅仅采用提问的形式，学生只能被动地进行口语表达，这样不利于提高学生的口语能力。为了改变口语教学的这种弊端，在实际的口语教学中，教师需要采用小组讨论、对话练习、角色扮演等方式开展学生之间的互动训练活动。只有这样，口语教学才会给学生营造充满乐趣的学习氛围，打破传统压抑的教学环境，不断地激发学生的学习兴趣和积极性，从而有效地提高学生的口语能力。

2. 先听后说原则

听是说的前提和保障，因此高校英语口语教学的开展要按照这一规律，遵循先听后说原则，即以听为基础，通过听来促进说，从而提高学生的口语表达能力。在交际过程中，听和说相辅相成，在听英语的基础上练习说英语，才能保证后者的训练顺利进行。

通过听，学生可以获取大量的知识信息，接触大量的词汇、语法和句子等，进而产生表达思想的强烈愿望。当储备了大量的语言知识后，学生才能进行真正意义上的会话。因此，在高校英语口语教学中，教师应引导学生进行大量的听力活动，让学生在听的基础上不断地进行积累和模仿，进而提高口语能力。

3. 循序渐进原则

英语口语教学不是一蹴而就的，是一个循序渐进的过程，在这一过程中需要由易到难、层层深入、循序渐进地展开。例如，在口语教学中，有些学生由于受本地区语言的影响，英语发音常常夹杂着一些方言口音，针对这种情况，教师需要结合学生具体的语言特点和发音困难，由易到难逐步地引导并帮助学生克服语言发音问题，鼓励学生积极、主动地说出发音正确的英语。需要注意的是，起初设定教学目标时要适中，不能太高也不能太低。太低的教学目标不能引起学生的兴趣与注意力，太高的教学目标会令学生对口语学习产生畏惧心理。

二、口语教学理论的重塑

（一）基于信息技术的高校英语口语教学的优势

将信息技术引入高校英语口语教学，不仅为其带来新的挑战，而且为高校英语口语教学提供了全新的思路和手段。因此，基于信息技术的高校英语口语教学有其明显的优势。具体而言，其优势表现为如下几点。

1. 能够激发学生口语学习的积极性

信息技术环境能够激发学生口语学习的兴趣和积极性。信息技术集合了声音、图像、图片、文字，具有交互性强的特点，这可以充分调动学生的多种感官，如视觉、听觉、触觉等，使原本枯燥、抽象的内容变得更为生动、形象，让学生们在学习的过程中充满乐趣，同时这也会提升教师的教学效率。

另外，一些软件设计得比较个性化，因此淡化了学习和娱乐间的界限，从而在一定程度上改善了教与学的关系，使学生从传统的被动学转向了主动学。这一学习方式便于激活学生固有的知识和经验，让学生通过推测、模仿、联想、判断等对知识进行轻松获取。真实的环境、地道的音调有利于学生进行跟读、模仿，培养学生的语感，提升学生的英语学习效果。

2. 能够提供更多的口语教学场景

根据建构主义学习理论，学习是学生在一定的社会文化背景下，借助某些外界因素，主动建构知识的过程。现代口语理论也认为口语属于一种认知活动。信息技术恰好能够使学生拓展思路，学会研究性学习，从而培养自己独立思考、独立创作、独立解决问题的能力。

3. 能够提供宽松的口语环境

口语是一种交际活动，其目的是提升学生的口语运用能力，但这不是学生能够单独完成的。信息技术能够为学生提供实时的、非实时的口语学习所必需的交流手段，也能够为学生提供宽松的口语环境和交际情境，让学生通过网络来进行沟通，积极地发现问题、讨论问题，从而逐步改善自己的交际能力和口语表达能力。

4. 能够提供更真实的口语文化氛围

网络文化具有多元性，可以为教师和学生提供很多与外国友人进行交流的机会。无论是口头上的交流，还是书面上的交流，都有助于教师和学生了解西方文化，明白中西方文化的差异性，从而更高层次地提升学生的语言认知和语言学习能力。

5.能够提供丰富的口语教学资源

信息技术可以为师生提供学习英语的资料库。通过信息技术带来的资料，学生可以接触丰富的、与学生生活密切关联的、可理解性的学习资料，这些都为教师的教和学生的学提供了便利。

（二）基于信息技术的高校英语口语教学的方法

传统的口语教学已经很难满足当前时代发展的需求，因此基于信息技术的口语教学应运而生，并在当前的高校英语教学中起着重要作用。那么，信息技术环境下的高校英语口语教学该如何展开呢？具体来说，教师可以从如下几点着手。

1.注重网络测试与实施人机对话训练

信息技术环境下的口语自主学习主要涉及学生自我测试评估口语水平、人机交互口语练习、教师布置和批改口语作业等。教师可以在课堂上给学生布置自学任务，让学生通过网络搜索或者下载资料，然后进行自学。

2.课外教学与课内教学紧密结合

高校英语课时是有限的，因此仅仅依靠课堂是远远不能满足学生需求的，还需要教师对学生的课外学习加以驻点。教师可开展丰富的第二课堂活动，结合课堂内容组织学生展开课外活动，如英语演讲、短剧表演、作文比赛、举办班会等，同时教师可让学生拍摄成视频，在多媒体教室中进行播放，其他学生根据活动情况进行评判，从而取长补短。另外，高校英语教师还可以举办专门的讲座、创办专门的英语期刊、设立英语广播等，让学生体会到口语学习的乐趣，更加热爱英语。

3.注重过程评价与教师科研相结合

教学与科研是同步相关的，教学对科研有促进作用，而科研又引导着教学。在教学过程中，教师可根据学生在学习过程中的表现，再结合教学过程中的问题，写教学日志，并改进教学方法，从而提高教师的科研能力。

第三节　英语阅读的多模态教学

一、阅读教学理论的解构

阅读是一种重要的认知活动，是人类接受知识与认识世界的重要途径。高校英语教学的重要目标之一就是培养并提高学生的阅读能力。在信息时代条件下，学生通过阅读可以获取更多的信息，同时提升自身的阅读能力，巩固自己的语言知识。

（一）阅读与阅读能力

1.阅读

简单而言，人们经常说的"看书"或"读书"就是阅读。对于"阅读"这一概念的分析，通常会将理解包含在内。阅读有狭义与广义之分。狭义层面的阅读指的是利用视觉感官，通过思考，对文字、文本所包含的内容与意义进行理解的一种智力活动。广义层面的阅读指的是借助于人的视觉、触觉等感官，通过心理加工来理解文字、标识、图案、服饰、表情、姿态、自然现象和社会现象及其状态的内容和意义的一种复杂的心理活动、行为或过程。阅读目的与理解过程属于广义阅读的范畴。

美国教育部、国家识字研究所和国家儿童健康与人类发展研究所将"阅读"界定如下：阅读是将印刷品的意思传递出来的一种复杂系统。人们要想完成阅读，应具备六项技能：一是对生词进行解读的能力，二是弄清楚语义或话音和印刷品之间的联系的技能与知识，三是促进阅读理解的充足的背景信息，四是可以流利地读的能力，五是发展阅读动机、保持阅读动机，六是提高积极地通过印刷品来构建语义的策略。

格雷布（Grabe）对多年的实验与研究进行了总结，认为外语阅读应包括六个要素：一是词汇与语言结构知识（Vocabulary and Structure Knowledge），二是自动认字技能（Automatic Recognition Skills），三是社会与文化背景知识（World and Cultural Background Knowledge），四是语篇结构知识（Formal Discourse Structure Knowledge），五是综合和评估技能 / 策略（Synthesis and Evaluation Skills/Strategies），六是监控阅读的元认知知识与技能（Metacognitive Knowledge and Skills Monitoring Reading）。

通过上述分析可以总结出，阅读是通过视觉感知语言信号之后，对信息意义进行处理、加工以及理解的心理过程。在阅读过程中，读者会根据自己已经掌握的信息、知识、经验来对语篇进行加工，以了解语篇的含义。

2. 阅读能力

培养并提高学生的阅读能力是高校英语阅读教学的目标之一。阅读能力是学生自学能力的基础，也是培养学生自学能力的重要途径。

北京师范大学胡春洞教授认为，阅读能力即阅读理解能力。他认为，阅读能力包括四个方面的能力：阅读语能，指的是认识字词、懂得语法的能力；阅读才能，指的是对言语作品进行理解的能力；阅读智能，指的是对交际意念进行理解的能力；阅读技能，指的是掌握用眼方法的能力。阅读能力是一种综合性的能力，通过阅读的过程而体现出来。

阅读能力主要包括阅读速度与理解程度两个方面。阅读速度是读者在单位时间内所阅读文章的长度；理解程度是读者对所读文章的理解程度。阅读的流畅程度与理解的准确程度是评价一个人阅读能力的标准。也有学者认为，阅读能力除了包括阅读速度、理解程度之外，还包括阅读的灵活性。阅读的灵活性是能根据不同的阅读材料与阅读目的而相应地对阅读速度与阅读方法进行调整。

阅读能力受很多因素的影响。其中，影响阅读的因素有掌握速度技巧的熟练程度、视幅大小以及视读能力的强弱等；影响阅读理解程度的因素主要是语言能力，具体指词汇量、语法、背景信息等方面的知识与能力。除此之外，阅读能力还会受读者注意力的影响。

（二）我国英语阅读教学存在的一些问题

我国英语阅读教学整体上呈现良好的态势，同时也存在一些问题。

1. 缺乏科学目标和计划

教学目标与教学计划的缺失，是英语阅读教学在课程设置方面的主要问题。部分高校的英语阅读教学面临着教学时间、师资力量、教学设施、教学组织等方面的困难，使英语阅读教学缺乏科学目标与合理计划，从而为英语阅读教学效果的改善带来一定的阻碍。此外，提升学生的阅读能力是英语阅读教学的根本目的，一些高校却将英语阅读教学活动看作一种可有可无的"附属品"，教学目的仅围绕大学英语四六级考试展开，这是对英语阅读教学初衷的背离。

2. 教学理念有待完善

在我国，部分高校的英语阅读教学仍停留在词汇、语法教学的阶段。实际上，到了高校阶段，帮助学生提升阅读能力，使他们能在语篇中通过对信息的选择、归纳、推理来把握文章主旨与观点才是英语阅读教学的根本目的。如果过分关注对语言知识的传授，忽略阅读理解能力的培养，那其后果就是英语阅读教学从词汇记忆阶段直接进入语义获取阶段，学生的英语学习由于缺少中坚力量的支撑而难度大增。

3. 部分学生的阅读习惯不良

一些学生在阅读过程中存在一些不良的阅读习惯，归纳起来主要有下面几种类型。

一是指读，即用手或笔指着文字逐词或逐行阅读。

二是唇读，即用嘴唇读出看到的内容。唇读包括出声音与不出声音两种形式。

三是回读，即阅读过程中不断返回去再阅读一次刚刚读过的内容。

四是时常跳读，即难以按照文章的表述顺序展开阅读，特别是在换行时，易因定焦不清而看错行。

上述阅读习惯不仅对理解能力的提升与阅读思维的连贯带来影响，也不利于提高阅读速度，教师应及时发现并帮助学生进行纠正。

4.部分学生的阅读观念错误

部分学生对英语阅读存在着一些错误认识。例如，有些学生将词汇量等同于阅读能力，片面地认为词汇量大就意味着阅读能力强。实际上，阅读不仅仅是词汇量的问题，还受词义把握、句子结构、语法知识、语篇分析等多方面能力的影响。

还有个别学生把阅读速度等同于阅读能力，这也是片面的。阅读能力不仅包括阅读速度，还包括理解的准确率。有的学生阅读速度快，理解程度却很低，虽然读完了，可是并没有抓住重要的细节和文章大意，这样就不能说他的阅读水平高。可见，学生要想提高阅读水平，首先应矫正错误的阅读观念，不能用扩大词汇量来代替阅读练习，也不能一味追求阅读速度，应从多个方面入手，全面提高阅读能力。

（三）阅读教学的内容

培养、提高学生的阅读技能是英语阅读教学的主要内容，具体涉及以下一些技能：能够辨认单词，能对文章的主要信息进行总结概括，能够对语篇的指示词语进行辨认，具备跳读技巧，能够猜测陌生词汇、短语的含义，能够理解句子内部与句子之间的关系，具备基本的推理技巧，能够对句子及言语的交际意义进行理解，对文章的主要信息或观点能进行准确梳理与把握，能够把握细节与主题，能够对文中的信息进行图表化理解与处理，能够理解衔接词进而理解文字各部分之间的意义关系。

（四）阅读教学的原则

1. 激发兴趣原则

俗话说："兴趣是最好的老师。"兴趣能够激发一个人对事物的热情和对学习的积极性。对英语阅读教学来说，只有学生自己对阅读产生兴趣，才会积极、主动、自主地去学习。可以说，兴趣因素在很大程度上决定了阅读教学的成败。尤其是对高校学生而言，课上时间毕竟是有限的，只有出于兴趣，学生才会在课外有动机去阅读。因此，教师在阅读教学过程中一定要时刻注意激发学生的阅读兴趣，保持学生对阅读教学的新鲜感。例如，教师可以适当变化课堂教学内容、教学形式以及教学手段，避免枯燥单一的教学活动。

2. 因材施教原则

每位学生都有自身独特的个性，学生与学生之间不可避免地存在一些差异。尤其是高校学生普遍已经学习了几年甚至十几年英语，在阅读习惯、阅读方法等方面大都已经有了自己的一些特点。因此，在阅读教学过程中，教师一定要因材施教，对不同的学生采取不同的教学方法，确保每位学生的阅读热情都得以维持，阅读技能都得到发展。例如，有的学生会因自己英语成绩较差而失去阅读信心，甚至自暴自弃，此时教师应当在教学过程中时不时地鼓励和表扬他们，帮助他们重拾信心，同时给他们布置一些难度较小的阅读任务，然后逐步增加难度，帮助他们不断进步。有的学生英语基础比较好，阅读水平比较高，基本的阅读要求已经无法满足他们的阅读欲望，教师就可以给他们布置一些具有挑战性的阅读任务，如适当向其推荐一些英语名著等。总之，教师应根据不同学生的特点采用不同的教学方法和手段，并有意识地向他们提出不同的要求，做到因材施教。

3. 语言学习与思维训练并重原则

目前，高校英语阅读教学中普遍存在过于侧重语言学习而忽视阅读思维训练的现象。实际上，高校学生已经具备一定的英语能力，在课堂上教师如果仍一味地讲解语法和句型，注重学生的记忆性思维训练，就会忽视以内容为主的思维性训练，如分析、比较、批判等。这样一来，既无法激发学生的阅读兴趣，也不符合高校学生思维能力发展的要求。

因此，教师在阅读教学过程中，应遵循语言学习和思维训练并重的原则，减少记忆性思维训练的比例，留出更多时间训练学生对文章内容的理解、分析、比较、讨论、批判的能力，并灵活设计与内容相关的各种思索性问题，激活学生的主动思维。阅读本质上是作者与读者之间的双向反馈过程，学生只有通过主动思考，在对文章内容进行分析、批判的基础上得出自己的结论，才能真正培养自身的思维能力，也才能体会到思考的乐趣。

二、阅读教学理论的重塑

（一）基于信息技术的高校英语阅读教学的优势

信息技术辅助阅读教学创造了英语阅读的一种全新模式，或者说，信息技术环境为英语阅读开辟了一个新领域、新天地。信息技术环境下的语言与实际的语言发展是同步的，不仅具有较强的趣味性，而且可以化静态为动态、化虚为实，对文本、图像、数字、动画等随意进行调控和组合。教师可以在信息技术辅助下，根据自己的教学对象来选择教学方法和手段，从而真正实现情境化教学。可见，基于信息技术的高校英语阅读教学具有无与伦比的优势。具体而言，其优势体现为如下几个方面。

1.支持教师通过同步或者异步的形式对学生进行帮助和辅导

在常规的阅读教学中，学生常处于被动的地位。在信息技术环境下，学生可以随心所欲地控制自己的学习速度。通过网络，学生不仅可以获得全球图书馆的资料，还能够实现有效的远程学习。教师则可以在信息技术支持下同步或异步对学生进行帮助和辅导。

2. 为阅读教学提供了丰富的资源

师生通过网络可以获得丰富的阅读教学资料。在阅读教学过程中，教师可以从网上下载自己需要的材料然后进行筛选与编辑，从而用于指导学生的阅读教学。同时，学生也可以自己在网上进行搜索和浏览，提高自己的阅读知识面，加深自己对内容的了解。

3. 有助于提高学生的阅读技巧

在网络上，学生可以搜索适合自己的阅读资料，然后去粗取精，对阅读资料进行判断。当学生从阅读中获取了有价值的信息后，需要对这些信息进行整合，从而保证资料的逻辑性和完整性。从网上搜索资料可以提高阅读技巧、阅读策略，当学生经过无数的搜寻后，他们的阅读能力通常就会得以提高。

4. 为学生提供了先进的阅读活动工具

传统的英语阅读将英汉字典作为工具书，不用说其携带不方便，更多的是学生需要花费大量的时间来查询，有时候还查不到自己想要的结果。相比较而言，网络连接远程服务，尤其是可以连接某一在线图书馆，不仅容量丰富，还便于查询。另外，教师或学生可以将自己的想法发给在线专家，让专家给予辅导和帮助。

（二）基于信息技术的高校英语阅读教学的方法

信息技术环境下的高校英语阅读教学并不是让学生漫无目的地搜索和浏览，还需要教师的准备、指导与评价。可以说，基于信息技术的高校英语阅读教学离不开教师的参与。具体而言，教师可以从如下几方面做起。

1. 发挥网络互动优势，激发学生的学习兴趣

基于信息技术的高校英语阅读教学为师生提供了一个广泛的互动平台。通过信息技术提供的空间，教师和学生可以上传学习资料，实现资源的共享。在具体的阅读教学中，教师可以根据教材来建设一个网络阅

读资料库，将教材中的重难点置于网络上，同时补充一些课外知识，以帮助学生理解和掌握。

另外，为了避免学生出现乏味，教师应该将信息技术的优势发挥出来。也就是说，教师可以在学习资料中添加一些图片、漫画、视频等，在字体、排版上也凸显一些特殊的地方，让学生一目了然，以吸引学生的注意力。

2. 科学合理地选择阅读资料

英语阅读本身属于一门训练技巧的课程，学生需要通过大量的阅读练习来掌握技巧。因此，科学合理地选择阅读资料是非常关键的环节。在信息技术环境下，资料内容需要与课堂贴近，成为课堂内容的重要一环。在阅读课堂开始前，教师可以让学生提前搜索一些阅读资料，培养学生网上查询资料获取信息的能力。之后，教师对学生寻找的资料进行仔细阅览，并组织学生以小组的形式进行交流。最后，教师要求学生做总结报告，并根据学生的报告给予一些口头的评价。

3. 科学地进行评估与分类指导

基于信息技术的高校英语阅读教学应有明确的评估目标和标准。在设计一套科学合理的教学评估方法时，教师可通过对阅读素材的生词词汇量、语法难易程度、句子长度等的评估来衡量学生的阅读理解能力。同时，教师可以对学生的在线时间进行统计，从而计算学生的阅读时间和阅读效率。此外，教师还要考核学生在某些问题上的错误率，对学生阅读技能的掌握情况进行分析。在教学任务完成后，教师还需要进行总结和评估，对重难点进行分类指导。

4. 积极地开展课后拓展阅读

在课堂阅读的基础上，教师应该积极地开展课后拓展阅读，并着重于学生阅读与动笔练习的结合。通过长期的训练，学生在阅读中会学会快速获取信息。教师在引导过程中，可以根据教材各个单元的内容来开展活动，如可以要求学生从自身感兴趣的话题搜索资料，整理并做成书面报告，进行演讲比赛。通过这些活动，学生不仅可以对各个单元的内容有一个很好的掌握，还能够提升写作和归纳能力。

第四节　英语写作的多模态教学

一、写作教学理论的解构

写作是基于社会交际的需求而产生的。与母语写作相比，外语写作的难度更大，它既要求学习者能够使用外语遣词造句，熟练掌握写作的基本知识，又要求学习者以外语思维方式将自己的思想表达出来。就英语学习来说，学习者要想获得英语写作能力，必须经过长时期的学习与练习。

（一）写作与写作能力

1. 写作

写作是人类的社会言语交际行为。写作是通过对已有的知识、经验以及情境认知的主动、创造性的运用来进行书面的表情达意、传递信息的交际行为。换言之，写作是写作者与读者之间进行的有目的的交际行为与过程。同时，写作也是人类的高级神经系统的智力认识活动。在写作过程中，写作者可以围绕主题进行构思，对写作思想或信息进行组织、总结，选择合适的语言材料，用书面语言将思想与信息表达出来，从而实现与读者的信息交流。

2. 写作能力

培养学生的英语写作能力是英语写作教学的目标。关于写作能力的问题，目前学界主要有以下四种能力观。

第一种是传统的写作能力观。传统的写作能力观认为正确使用语法、篇章结构以及标点符号十分重要。根据这一观点，好的文章应该具有自明性，也就是无论写作目标或读者群如何不同，文章从内容到形式都应确保意义明确。在这种观念影响下，写作教学的重点在于将书面语言与形式规范层面的知识传授给学生。

第二种是社会的写作能力观。社会的写作能力观认为，具备良好写作能力的写作者能掌握各种语类的表达形式。话语方式可以代表一个社会群体的特点。在对写作者的写作能力进行衡量时，一方面要看其文章的语言与结构是否规范，是否具有写作技巧；另一方面要看写作者是否可以对某一社会群体的语言特征与知识特征进行有效表达。在这种观念下，写作教学的重点是结合认识社会群体的交互特征，通过写作使学生的语用能力得到提高。

第三种是认知的写作能力观。认知的写作能力观以信息加工理论为基础，认为良好的写作能力指的是能够使用一套写作修订策略，在对范文进行模仿、对写作进行评估之后，通过不断修改，从而实现知识的重建。在这一观念下，写作教学应致力于提高学生使用写作策略的意识与能力。

第四种是后现代的写作能力观。后现代的写作能力观强调写作者通过文本将其揭示与评判社会现实的能力体现出来。使学生逐渐形成批判的意识与能力是教师的责任。在这种观念下，写作教学的重点在于培养学生通过写作对社会中的现实问题进行评价的能力。

上述几种观点是从不同角度对写作能力所进行的阐释，没有好坏之分。对这些观点进行了解，可以帮助教师对不同写作教材的侧重点进行比较与评价，就自己的教学目标、方法以及效果进行反思，从而改进教学。

综合上述观点，本书认为，写作能力主要包括书写规范、端正，拼写与语法正确，语言通顺，主题突出，逻辑清晰，内容相对完整。

（二）我国英语写作教学存在的一些问题

我国英语写作教学整体上呈现良好的态势，同时也存在一些问题。

1. 部分教师采用的教学方法陈旧

在英语写作课堂教学中，教师方面的问题主要体现在教学方法的使用上。受课时和应试教育的影响，在英语写作课堂教学中，一些教师仍经常采用传统的教学法开展教学，即向学生提供不同类型的范文，对范文稍加讲解之后要求学生参照范文模仿，要求学生在规定的时间内利用课外时间完成写作任务，最后由教师进行批改和讲评。这种教学方法只注重写作的结果，而忽视了师生之间、生生之间的交流过程，也忽视了对学生写作问题、技巧和规律的指导。长此以往，学生容易失去写作的兴趣和动力，写作能力自然也就难以提高。不可否认，模仿是学生学习写作的初始和必经阶段，对学生的写作起着重要的作用，但模仿不是最终阶段，创造性的写作才是学生写作的最终目的也是最终阶段。所以，教师在教学中要注意选用新颖的教学方法，并注重师生和生生之间的沟通，注重学生兴趣的培养，进而提高学生的写作能力和创造能力。

2. 部分学校的教学目标缺乏系统性

英语写作能力的培养是一个循序渐进的系统性过程，所以写作教学目标也应是系统的。现阶段，一些高校英语写作教学目标缺乏一定的系统性，具体表现为总体目标与阶段性目标的不协调。

总体目标是指针对学生的生理、心理特征，结合写作教学的自身规律，在英语课程标准中明确规定的教学需达成的总体性目标。阶段性目标是指写作教学依据总体目标制定的一系列的阶段性目标，也就是各年级、各学期的具体要求和目标。可见，高校英语写作教学的阶段性目标可看作总体目标的阶段性目标。不过，从目前的写作教学现状来看，两者之间的系统性不强，很多时候，阶段性目标总是脱离总体目标而独立实施。实际上，总体目标和阶段性目标应是一个有机统一的整体，只有两者紧密结合才能保证教学的有效实施，而两者的不协调必然会导致目标难以实现，也会阻碍写作教学的有效开展。

3. 部分学生写作的文章缺乏连贯性

部分学生在英语写作时存在的一个突出问题是文章缺乏连贯性。例如，文章缺少主题句，且句子之间缺乏必要的关联词，这就造成语序混乱，表达不通顺，主题思想不够突出。众所周知，写作的最终目的是表达思想和交流，如果不能依据一定的语法规律和交际原则形成有序的网络结构，那就无法形成具有连贯性的语言表达，也就不能顺利表达思想，从而导致交际的不畅。因此，学生应当在平时写作训练时注意加强文章的紧凑感，形成一个有意义的篇章结构，促使交际顺利进行。

4. 部分学生写作的文章内容细节缺失

很多学生把写作这一技能想得过于简单，认为只要掌握了足够多的词汇和语法知识就能顺利进行写作了。其实，在英语各项技能中，写作能力是最难培养的，因为它不仅涉及英语基础知识的运用，还涉及写作基础知识、思维方式、文化差异、生活常识等各个方面。通过分析学生英语作文的内容细节可以发现，不少学生的知识面比较狭窄，甚至缺乏一些基本的生活常识。为了避免学生在内容与细节方面无事可写或空洞描写，教师在写作教学中可以多设计相关的练习活动，努力拓宽学生的知识面，同时要鼓励学生在课外时间多涉猎一些知识，以备不时之需。

（三）写作教学的内容

根据写作能力的内涵，高校英语写作教学的内容主要涉及以下几个方面。

1. 结构

好的文章应在布局谋篇上实现语句与文体、主题、题材的统一，从结构上来看，还应达到语句和谐连贯、结构完整统一的效果。

首先是和谐连贯。和谐连贯是一篇好文章的必备条件。因此，教师应对逻辑性与连贯性给予充分重视。在具体的写作教学过程中，教师应引导学生对词汇与词汇之间、句子与句子之间、段落与段落之间的内在联系格外重视，从而使文章实现统一和谐、自然流畅的表达效果。

使用恰当的连接词和过渡词是连贯统一的重要保障。例如：

表示递进的词语：further more，once more，for another thing

表示让步的词语：though，although，even if

表示并列的词语：and，also，or，likewise

表示比较的词语：similarly，equally，in the same way

表示转折的词语：but，however，nevertheless，while，yet

其次是布局合理。好的文章有着合理的篇章结构。谋篇布局就是根据不同的题材、体裁来确定篇章以及段落的整体结构，并据此选择恰当的扩展模式，保证写作顺利地开展。在写作之前首先要谋篇布局，谋篇布局作为写作的起点，对写作有着至关重要的作用。

具体来说，段落的大体结构是"主题句—扩展句—结论句"，篇章的大体结构是"引段—支撑段—结论段"。需要注意的是，谋篇布局并不是固定不变的，当题材和体裁不同时，文章的谋篇布局也会随之变化。

最后是完整统一。一篇好的文章应具有清晰的逻辑与有条理的表达层次。因此，评价一篇文章优劣的重要标准之一就是看该文章是否完整统一。所谓完整统一，是指文章中所有的细节，如事实、原因、例子等都要围绕主题陈述和展开，所有的信息都要与主题相关，而所有脱离主题的信息都要删除，以保持文章段落的完整性。

2. 句式

句式对于写作来讲非常关键，因为语篇就是由字、词、句通过一定的组合而构成的。英语句式结构丰富而多变，对句式的掌握与运用是进行英语写作的利器，这就使句式成为英语写作教学的重要环节。为提升学生习作的可读性，教师可通过句式练习来帮助学生掌握对句式的运用。具体来说，教师可为学生进行示范，从而让他们体会句式的表达效果。此外，教师还可组织学生进行讨论，使他们在讨论中相互交流认识，深化对英语句式的认识。

3. 选词

在不同的文化背景下，词汇有着不同的意义。此外，词汇的含义还有表层与深层、基本义与引申义之分。因此，如果缺乏对词汇含义的准确了解，就很难在写作过程中依据表达需要来选择适当的词汇，这将对写作效果带来消极影响。

词汇的选取既是写作者与读者进行交流的一种方式，也是写作者写作风格的体现，且常常取决于写作者的个人喜好。在进行词汇选择时，一般要考虑语域的影响，如非正式词与正式词、概括词与具体词等；此外，还要注意感情色彩的因素，如褒义词与贬义词的选择。

4. 拼写与符号

如果缺少规范的拼写与符号，句子的含义就难以表达，文章的内在逻辑关系也难以体现出来，这就在无形之中增加了读者的阅读难度。可见，拼写与符号是英语写作教学中不可或缺的重要内容。

具体来说，学生首先应保证拼写和符号的正确性，以避免引起不必要的阅读障碍。在保证正确性的基础上，学生应努力使拼写和符号规范、美观、易于辨认。虽然这些都属于细节问题，但对写作有着较大的影响。

（四）写作教学的原则

1. 真实性原则

高校英语写作教学的目的不是让学生为了写作而写作，更不是让学生应付考试，而是让学生能够运用写作进行交际。因此，高校英语写作教学应遵循真实性原则，即让学生在写作过程中有话想说，而且言之有物、言之有理。

如果写作缺乏真实性，将不能激发学生的写作兴趣。对此，教师可将写作与学生的实际需求联系在一起，这样不仅能激发学生的积极性，而且能令学生感受到写作的实用性。例如，教师可让学生用英文写求职信、个人简历等，这些实用性文体的写作可将写作与学生的现实生活联系在一起，更能激发学生写作的积极性，也能提高学生的学习效率。

2.任务原则

传统的高校英语写作教学往往存在教学语言脱离语境、脱离功能的现象，这样造成的消极影响体现在以下两个方面：第一，学生虽然可以建构准确的语言形式，但是无法用这些形式得体且完整地表达意义。第二，所学语言脱离实际生活，无法调动学生的积极性。

在任务教学中，通过让学生完成一系列的任务达到教学目标，让学生在执行写作任务的过程中充分感受语言形式和功能的关系以及语言与语境的关系，能够使学生提升语言写作技能。因此，高校英语教学应当坚持任务原则。

3.正确对待错误原则

学生在写作过程中存在错误是正常的，也是不可避免的。教师对待学生错误的态度会直接影响学生写作的兴趣与动机，正确的态度可以激发学生的写作动机，反之，则会打击学生的积极性。因此，教师应该宽容对待学生写作中存在的错误，鼓励学生在写作中大胆使用新的词汇，这样可避免他们为了追求语言的准确性回避使用新的语言形式。当然，对学生经常或集中出现的错误应当进行详细讲授，以免学生再犯错。

二、写作教学理论的重塑

（一）基于信息技术的高校英语写作教学的优势

基于信息技术的特点，将信息技术应用于高校英语写作教学有其自身的优势。

（1）信息技术辅助写作教学注重彼此间的交流。在信息技术支持下，写作更向公开化的方向发展，提高了学生的读者意识，有利于让学生更清楚地表达自己的观点。

（2）信息技术辅助高校英语教学改变了教师的角色，使教师从传统的知识传授者转变为指导者、活动参与者以及咨询者。

（3）信息技术自身的功能能够使高校英语写作教学及写作训练变得更为形象、直观。

（4）利用信息技术可以使文章的修改和校对变得更为轻松、容易，学生不用忍受反复抄写之苦。

（5）信息技术辅助写作教学有助于提高学生的参与程度，发挥学生的主体作用，让学生主动参与评价，并从评价中对自己的写作过程进行思考。

（6）信息技术辅助写作教学能够激发学生的写作学习热情，消除学生的写作焦虑情绪，使学生愿意投入写作学习。

（二）基于信息技术的高校英语写作教学的方法

基于信息技术的高校英语写作教学有助于激发学生的写作欲望，帮助学生快速掌握写作要领，规范写作语言，从而完成写作学习。因此，信息技术是高校英语写作教学的重要拓展手段。下面就来探究基于信息技术的高校英语写作教学的方法。

1. 倡导学生运用信息技术支持英文写作

信息技术的出现打破了时空的限制，实现了资源共享，英语教学资源提供了便利。在高校英语教学中，可将信息技术引入英语写作教学中，让学生上网搜索相关信息，进而对检索的信息进行分析和探讨，最终将自己的见解表达出来，完成写作。现代大学生大多热爱上网，教师可以起指导作用，指导学生利用网络资源来增强英语写作的机会，激发学生的学习兴趣，同时进行监督监督，形成一种积极的氛围。

2. 利用计算机文字处理程序辅助高校英语写作

计算机文字处理程序具备对标点、拼写、大写、小写等进行检测的功能，因此为学生提供了有利的工具。例如，word 中的"拼写检查"功能能够使学生降低拼写错误，并查出一些简单文法上出现的错误；

"查找替换"功能可以帮助学生快速查找内容，以及进行部分或全部的替换。另外，有的计算机文字处理程序还带有词典，因此学生可以迅速查询词的意义和用法。总之，计算机文字处理程序的功能一定程度上减少了写作的重复劳动，节省很多时间，这在一定程度上增强了学生对写作的兴趣和积极性。

3. 利用 E-mail 辅助高校英语写作教学，加强师生间、生生间的交流

E-mail 对于高校英语写作教学来说，是一个十分有利的助手，其有助于加强师生间、生生间、学生与普通网友间的交流。在写作学习过程中，学生可以将自己的稿件利用 E-mail 发给教师或同学，然后教师和同学会对这篇文章提出修改意见，最后该学生对自己的文章再重新进行整理。另外，教师可鼓励学生找一些外国友人进行 E-mail 的交流，了解不同国家人们的生活、学习、旅游、家庭、毕业动向等情况，通过这些感兴趣的话题，有助于提升学生的写作热情，进而提升自己的写作水平。

第八章　高校英语多模态课堂教学评估体系

第一节 高校英语多模态课堂教学评估体系的提出

一、英语教学评估体系的创新与完善方向

（一）过于注重考试对英语教学的一些负面影响

因为我国传统的英语教学过度强调语言知识的理解，导致英语课堂教学评估错误地着重应试能力的培养。目前终结性评估还是英语教学中主要的评估方式。这种评估方式使用的测试手段非常单一，如单元测验、期中检测、期末检测、全国四六级考试等针对语言知识的测试，没有形成多元化的教学评价体系，以考试成绩的好坏作为评定学生的学习能力和教学质量的标准。对高校来说，过分强调考试给英语教学带来了一些负面影响，主要体现在以下几个方面。

1. 有碍于教学目标的实现

高校英语教学的主要内容是英语语言知识与应用技能、学习策略和跨文化交际。培养学生的英语综合应用能力，尤其是听说能力，是高校英语教学的目标。而运用单一的测试根本无法全面、科学、准确地考核学生的实际应用语言的能力，更不能对英语教学提供客观、准确的评估。这种单一的测试评估方式只会使教师和学生更加强调语言知识的学习而忽视了语言运用能力的培养，造成教学和考试都围着考试转的局面，从而难以实现教学目标，导致学生的自主创新能力薄弱。

2.误导了一些学生的学习目的

如果过分强调测试的重要性及权威性就会对学生的学习目的造成误导。今天，不少学生学习英语的动机和目的还是应试。这种机械型的学习动机，显然不易激发学生学习英语的积极性和保持学习动机的持久性，使学生自主创新意识薄弱。学生学习外语的最终目的不是为了考试，最重要的是吸收和借鉴国外先进的科学文化知识，多方面获得信息，积极参与各种国际交流，从而获得自身的成长，为世界做出贡献。

3.不重视学生的学习过程

如果把考试作为主要的或唯一的评估手段，则无法反映学生的动态学习过程，如课堂表现、作业情况、学习方式、学习风格、学习策略、自觉创新学习能力等，也无法反映学生在学习过程中取得进步而获得心理满足的体验。它的弊端在以学生自主学习为特点的多媒体教学中显得更为明显，如无法反映学生的课上学习情况和课外的学习活动、网上自学等学习过程。这种评估方式只注重结果而忽视过程会错过很多重要信息，无法对外语教学进行综合、客观、科学、准确的评价。

（二）创新评估体系的方向

在现代英语教学中，人们认识到，只有打破传统的教学观念，英语教学才能取得突破性创新。如果英语教学以应试教育为主要模式，那么培养出来的很多学生不能内化语言知识并将语言运用到实际生活中，自主创新能力差，他们将无法满足社会发展的要求。高校应改革传统教学模式，把以教师为中心、仅仅传授语言知识和技能的教学模式，向以学生为中心、既传授一般语言知识和技能同时注重培养语言运用能力和提高自主学习能力的教学模式转变。除传统的终结性评估外，高校应注重过程性评估。全面、科学、创新的评估体系应具有以下特点。

（一）评估形式过程化

因为英语教学和学生的学习都是一个动态变化的过程，所以对英语教学的评估应渗透到学习的每一个阶段和过程，应对学生在一定时期内的学习过程中在知识、技能、情感、策略、作业等方面进行客观准确的评估。以过程性评估为主的模式更注重学习过程，检查学生是否达到预定的学习目标，不以评定成绩为目的。这种在学生的学习过程中对其行为表现进行监督和评估的形式，不仅能够及时反馈有效的教学信息，而且有助于发挥学生的学习能动性，提高其自主创新能力和自信心。

（二）评估主体多极化

在高校英语教学评估工作中，如果一个班级仅由一名教师承担评估工作，那么他是难以捕捉到很多重要信息的，如学生的个人学习心态、难点以及学习策略和方式等。因此，应建立多极主体评估的模式，包括学生相互间的评估、学生自我评估、学生对教师的评估、教师对学生的评估、教务部门对学生的评估等模式，在评估过程中尤其要鼓励学生自我评估。

学生的自我评估是学生自己评价自己的学习行为，包括学习材料和内容、学习目的和动机、学习进步和满足的体验、学习方法和策略等。学生的自我评价是发展学生自主能动性、独立性及创造性的基础，可促使英语教学朝着个性化、主动式学习方向发展。

可使用评估表进行评估，了解阶英语听、说、读、写、译能力自评／互评情况，使学生的自评／互评更具体化、更具有可操作性。

（三）评估内容多元化

英语教学评估内容应当不仅包括学生的成绩，还包括影响学生学习发展的包括智力和情感的所有因素（如学习兴趣、课堂参与积极性、团队精神、表演才能等），体现多元化的特征。评价是对人的评价，是对人的发展的评价，这种评价应是开放性、积极性、形成性及灵活性的，能够促使学生身心发展、情商提高、人格健全。另外，对整个英语教学过程的评估应包括需求分析、课程设计、课堂教学、评估本身等多方面的评估。因此，新的教学评估体系应是包括测试在内的多元评估创新模式。

（四）评估策略多样化

多元化的评估内容单靠测试是根本无法实现的，采用多种评估策略才能实现有效的评估。测试只是重要的评估手段之一，除此之外还要视具体情况采用适当的评估策略，如课堂活动和课外活动记录、学生学习档案记录、网上自学记录、问卷调查、访谈、座谈、学生自我评估报告等。通过使用多种评估策略，对学生的学习过程进行观察、评价和监督，才能有效地促进教学进展和学生的学习。

高校应在新的评估理念指导下，了解语言教学、测试、教学评估及相关学科的理论，测试与评估的相互关系，认识测试与教学，开发多元、多维度、更多评价主体参与的英语评估体系，综合采用观察法、自我评价法、学期评价法、课堂测验法和大规模标准化考试等多种评估方法对英语教学进行评价，而且要不断学习新的理论，并将这些新理论运用到语言教学中去，用理论指导教学及教学评估的全过程，充分发挥英语教学评估体系服务教学、支持教学、促进教学的积极作用。

（五）评估侧重科学化

科学化是指决策、管理等工作符合客观规律的程度逐步提高，或基本达到了符合客观规律的程度。高校英语教学评估的科学化，不仅包括评估目标设计的科学化，而且包括评估过程实施的科学化，以及对评估结果进行科学化分析，即评估全过程科学化。

二、多模态话语理论

多模态话语形式有很多种，包括单模态话语、双模态话语和多模态话语。

多模态话语分析技术在科学技术的迅速发展引领下已广泛运用到符号学、哲学、社会学、人类学、政治学、新闻学、心理学、法学、美学和医学等领域，研究对象也从语言文字扩展到了音乐、图片、影像、网页等多种社会符号系统。多模态话语通过语言、图像、声音、动作等多种手段和符号资源运用听觉、视觉、触觉等多种感觉进行交际。

话语的多模态性曾长期未受到人们的重视，只是到了现代语言学，人们才开始从非语言特征和伴随语言特征的角度研究它，且只作为一种语言的辅助表达系统并没有作为意义表达模态来研究。多媒体的产生使人们逐步认识到它的重要性，并把它作为一个独立的学术领域进行研究。

多模态话语最合适的理论模式是系统功能语言学的社会符号学理论。韩礼德的观点是把语言看作一个社会符号系统，即一个表意系统，语言外的其他表意系统与语言共同实现社会意义，如绘画、雕刻、音乐、舞蹈等。这种观点以系统功能语言学的社会符号学理论为基础，也为多模态话语分析理论发展奠定了理论基础。

多模态话语分析理论主要的研究基础是系统功能语言学理论多模态话语分析会依据系统功能语言学中的文化层面、语境层面、意义层面、形式层面和媒体层面等五大层面来分析语篇。①文化层面，包括文化主要存在形式的意识形态和作为话语模式选择潜势的体裁或者称体裁结构潜势。②语境层面，包括话语范围、话语基调和话语方式组成的语境构型。③意义层面，包括几个部分组成的话语意义，即概念意义、人际意义和谋篇意义。④形式层面，实现意义的不同形式系统，包括语言的词汇语法系统、其他各种模态的表意形体和语法系统，以及各个模态的语法之间的关系。⑤媒体层面，是话语最终在物质世界表现的物质形式层面。多模态话语扩大了语言学的研究范围；主要体现在形式和媒体层面。

结合英语教学现状，我们可以得出在英语教学中使用多模态的理由：一种模态并不能完全表达清楚交际者的意义，进而需要利用另一种模态来强化、补充、调节、协同，达到更加充分或尽可能充分表达意义，达到使听话者理解话语的目的。

我国语言学家朱永生认为，多模态话语分析的基础是建立在生物学研究成果之上的。根据生物学研究的结果，人类通过不同的感觉器官同时获取外部信息，如听觉、视觉、触觉、味觉等，其中和语言认知关系最紧密的是听觉和视觉。

一般认为，韩礼德创立的系统功能语言学为多模态话语分析提供了主要的理论依据。依据系统功能语言学的基本理论，人们总是在具体社会情境中运用多种多样的符号资源完成语义建构，即自然状态下发生的话语活动通常有多模态性。受从前技术的限制，人们通常只是从语言和文本的角度研究话语的意义构建和传达，很少从多模态角度来进行实际的话语分析。如今，依靠多媒体技术的进步和话语语料库建设的完善，研究和模拟自然话语的多模态已经成为可能。可以说，多模态话语研究也是随着话语研究技术的进步而发展的。

在多模态话语分析研究中，强调的是语言交流过程中各个语言要素的"合力"作用，尤其关注除了文本和口语表达之外其他的"非语言要素"特别是语境要素的重要作用。非语言要素与作为语言重要符号的文本一样，也都具有多功能性，即同时具有概念功能、人际功能和语篇功能等。不同模态的形式特征相互关联、共同作用来表现具体的话语意义。每一种模态都有自己的一套组织规则，或者说是语法，用来指导其与其他模态要素一起作用来完成语义构建。基于使用媒介的不同，这些组织规则可以分别称为视觉语法、听觉语法、触觉语法等。

构成语义的多模态话语本身是具有系统性的。据我国学者张德禄的观察，往往一种单一的话语模态不能够完全完成交际者想要表现的语义构建和传达，而是需要配合使用多种手段（模态）。人类使用不同模态的目的是要利用其他的模态对文本进行强化、补充、调节，使话语意义表达更加充分，使听话者更好地理解话语。这些不同的话语模态体现的意义属于相同交际事件，需要整合为一体才具有交际意义。因此，多模态话语分析包含三方面研究重点。首先，各种语言要素在完成意义构建和传达方面的不同作用。其次，观察和研究语言要素在实际的语言交际中是怎样协调和配合来完成语义传达的。最后，各种语言要素怎么配合才能达到最好的语义表达目标。经过以上分析，多模态话语可作如下描述：多模态话语指运用听觉、视觉、触觉等多种感觉，通过语言、图像、声音、动作等多种手段和符号资源进行交际的现象。

为语言教学和培训提供更好的理论支持和指导是多模态话语分析的重大意义，特别是在学术和教育情景下的语言研究方面。多模态话语分析方法可以将文本和其他相关的意义资源整合起来，这是革新之处，它打破了的单一语言信息的条条框框，使研究者的视野更开阔，也可以使他们更好地运用新的交际技术手段来对自然的人类语言交际现实进行相关分析。多模态话语分析方法不仅关注到了意义交换过程中自然人类语言交际所发挥的核心作用，而且特别关注了其他符号系统在这个过程中所产生的实际效果，如图像、音乐、颜色、多媒体等手段的运用。应用多模态话语分析可以帮助话语意义解读得更加全面、更加准确，进而发现人类综合使用多种模态达到社会交际的规律。

语言教学者认识到话语交际的多模态特点之后，应用多模态对语言教学进行设计，可以使教学模式更丰富多元，使用不同的语言符号推进语言教学，从而取得更佳教学效果。从这个意义上来说，多模态话语分析不仅能推动人们对语言学的研究，还可以加深人们对符号学的认识。

多模态话语分析作为一种新的研究方法也存在一些不足之处。第一，目前从事该研究的学者对传统的语言学研究方法外的其他学科了解不多，而多模态话语分析涉及的内容需要多个学科合力解决，因此多模态话语研究首要克服的障碍是跨学科的合作。特别是多模态话语分析需要现代科技的支持，而现代科技本身也是符号学研究中重要的一部分。由此可知，多模态话语分析的发展将会与对多媒体的研究相结合。这一趋势也对多模态分析研究者提出了实际操作要求。第二，多模态对人际交往形成的是综合影响，有时难易判定单一模态的影响情况。

三、多模态英语教学评估体系的提出

一方面，培养学生的英语综合应用能力，特别是听说读写能力，使他们在今后的工作和社会交往中能用英语有效地进行口头和书面的信息交流，同时提高其综合文化素养，是高校英语教学的目标。随着信息时代的发展，很多高校开始将多媒体运用于辅助教学，于是高校英语课堂扩大为包括文字、图片、音乐、网络等在内的多种模态同时进行的多模态课堂教学。这种多模态的高校英语教学实践在英语教学效率的提高、教学改革的推进、教学效果的优化、学生综合能力的培养等各个方面都具有积极的作用。

另一方面，纵观国内外多模态话语研究，很容易看出，研究者都是把语言作为一种社会符号，把语言所具有的功能延伸到了除语言以外的其他符号，并且把各种符号看作相互作用又各自独立的符号资源，在进行语言特征分析的同时，强调声音、颜色、图像、动作等与人类感官有关的符号模态在话语中所起的作用。只注重语言本身的以文本为研究基础的传统的话语分析方法忽视了诸如声音、颜色、图像、动作等其他的意义表现形式，从而忽略了其他各种模态在认知与处理信息时所起的作用。同样，以传统话语理论为基础的语言教学也过分依赖教材上的单一文字模态，过分关注语言本体的教与学，对其他模态在教和学过程中所起的重要作用没有重视。多模态话语理论研究的兴起和发展为构建多模态的高校英语教学模式提供了合理的理论基础。

以上两方面因素是促成多模态高校英语教学模式开展的重要因素。

多模态教学主张利用图片、动画、网络等多种方式来调动学生的多种感官协同运作参与语言学习，强调文字、声音、图片等多种符号共同建立一种学习情境，着重培养学生的多元综合能力。这种教学模式集声音、文字和图像于一体，利用各种视频、音频把学生的视觉、听觉等感官充分地调动起来，但是时间久了，学生也会容易视觉疲劳。也就是说，各种呈现方式同时出现也可能会超出学生的认知容量从而产生外在认知负荷，从而阻碍学习。如动画、图片、文字夹杂在视音频之中从而分散了学生有限的注意力使其忘记自己的学习目标。

　　教师必须根据学生学习的认知规律，通过对多模态的选择与组合来设计制作具有实用性的多媒体课件。课件内容无论从广度上讲还是深度上讲都应该适中，能够切实引发学生的学习兴趣，课件内容呈现顺序应合乎逻辑，难易适中，可读性强，能够使学生充分利用各种感官来感知、获取、认知与传递信息。选择的模态应以提高学校效率和效果为目标，适量适度。

　　同时，多媒体课堂的实现使教师的授课方式变得多样化。教师可以随时遥控监看每个学生的学习状况，可以实现学生随机结对分组讨论，也可以随时参与到小组中进行点评讨论等。然而多模态的课堂并不只是靠多模态的课件与媒体来实现的。对于教师来说，在多模态课堂中，千万不能沦为播放多媒体课件的工具或者课堂上的巡视员。除必须具备输出及传授正确语言形式的技能外，教师要运用声调、表情、身姿、手势等身体语言辅助教学，使二语习得的过程更加接近目标语的情境。

　　教学评估体系是高校英语教学的重要组成部分，对于高校英语教学的实施具有很强的指导和监控作用。作为高校英语教学的一个重要环节，教学评估既是学生调整学习策略、改进学习方法、提高学习效率的有效手段，又是教师获取教学反馈信息、改进教学管理、保证教学质量的重要依据。因此，建立全面、客观、科学、准确的评估体系至关重要。随着信息技术的发展和教学改革的深入，多模态教学模式需要与之适应的英语教学评估体系。强调评价情景的真实性，关注评价条件的支持性，注重评价进程的动态性，转变评价观念，明确评价的目的和内容，灵活运用多样化的评价方法，是对英语教学评估体系提出的要求。高校要在新的教学评价观的指导下开发兼顾形成性评价和终结性评价，最终形成包括真实性评价、档案袋评价、客观法评价、学生自我评价、学期和年终报告评价、课程测试、大规模标准化测试等多种评价形式在内的新的高校英语教学评估模式，真正发挥评估体系服务教学、指导学习的作用。

第二节　高校英语多模态课堂教学评估体系的构建

一、多模态英语教学评估体系构建的理论依据

随着多模态话语的产生，国内外语言学专家十分关注多模态话语理论研究，多模态话语已经成为应用语言学研究的前沿，且研究的热点是在外语教学领域。

模态指人类通过视觉、听觉等跟外部环境中的人、动物或物件等之间进行的互动方式。用单个感官进行互动的叫单模态，用两个感官的叫双模态，用三个或三个以上的叫多模态。

通过多种模态刺激听话者的感官是多模态教学理论所提倡的——通过调动学习者多种感官协同运作，以加深印象、强化记忆、提高交际的有效性。传统教学方式采用的是单一的文本模式，后随着网络技术、多媒体技术以及语料库研究和言语工程研究的不断发展，教学方式转变为当今的多种模态话语表现模式，而且教室中的多媒体设备已使教学多模态化。与此同时，传统的文字读写向多模态读写转变，教学方法、教材编写和学习任务等也相应发生了变化。从技术和方法上看，教学形式的多模态化也使英语教学更为生动、更富有成效。

多模态话语分析的意义在于它可以将语言和其他相关的意义资源整

合起来，它不仅可以看到语言系统在意义交换过程中所发挥的作用，而且可以看到诸如图像、音乐、颜色等其他符号系统在这个过程中所产生的效果，从而使话语意义的解读更加全面、更加准确。运用多模态分析研究方法研究课堂中的互动行为，使以前抽象的脱离语境的文本分析变得更加生动形象，展现了当今多模态话语分析的一大态势。

高校外语教学之所以采用多模态话语教学理论研究方法，是因为计算机多媒体辅助语言教学已广泛应用于外语教学领域，为外语教学提供了全新的手段和便捷的途径。高校英语教师可以在多媒体辅助下利用多模态话语理论及多媒体资源设置不同的教学情境及多通道话语意义表达方式，有效地开展应用型英语教学，如科技英语、商务英语等，让学生更加直观、生动地学习知识，在多媒体教室接受图、文、声、像一体的立体方式教学，以高昂的情绪投入英语知识建构之中，从而达到良好的教学效果。

2020年10月13日，中共中央、国务院正式印发《深化新时代教育评价改革总体方案》，针对教育评价改革的一系列核心问题，首次系统提出了"改进结果评价，强化过程评价，探索增值评价，健全综合评价"的"四个评价"新理念，成为我国教育评价改革的重要行动指南。

新教育评价保障体系的"人本"特点意味着教育评价不能"只见物，不见人"。教育评价不是为了评价而评价，而是需要以评促教、以评促学，重在发挥评价的"育人功能"。在评价实践中，鼓励不同评价主体进行开放式、表现性与过程性评价，如弹性学分制与弹性课程评价体系等。弹性教育评价是建立在认可与促进不同学生的认知需求、身体需求、社会需求、情感需求、道德需求的基础上，对被评价者进行的一系列超越机构建制与陈旧规章制约的，具有主体性、发展性、针对性、差异性、选择性、开放性、交互性的评价。

在此背景下，高校应在新理念指导下，完善多模态教学及教学评估体系。

二、多模态英语教学评估体系构建的基本原则

全面性原则：多模态英语教学评估体系应涵盖英语学习的各个方面，包括听、说、读、写、译等技能，以及文化意识、学习策略、合作与交流能力等综合素质。全面性原则要求评估体系能够准确反映学生在多模态教学环境下的英语能力水平和发展趋势。

目标导向原则：多模态英语教学评估体系需要根据教学目标、教学内容和教学方法，对学生的学习效果和教师的教学质量进行有效评估。评估结果应能为教学改进提供有力依据，帮助学生和教师明确教学改进方向。

灵活性原则：多模态英语教学评估体系应具有一定的灵活性，能够适应不同类型的学生、教师和教学资源，以及不同的教学目标和教学需求。灵活性原则要求评估体系能够根据实际情况调整评估内容、方法和标准，保证评估的实用性和针对性。

过程与结果相结合原则：多模态英语教学评估体系需要关注学生的学习过程和学习结果，重视学生的学习策略、学习态度和学习习惯等过程性因素，以及学生的英语技能水平、知识储备和综合素质等结果性因素。过程与结果相结合原则要求评估体系能够全面反映学生的学习发展过程，为教学改进提供有力支持。

三、多模态英语教学评估的具体构建

确定评估目标：根据多模态英语教学的特点和要求，明确评估目标，包括评估学生的英语技能水平、知识储备、学习策略、学习态度和学习习惯等方面的表现。

设计评估内容：根据评估目标，设计具体的评估内容，包括各个英语技能的评估项目、评估指标和评估标准，以及学生的综合素质评价项目等。

选择评估方法：根据评估内容和评估目标，选择合适的评估方法，

如测试、观察、访谈、问卷调查等。可以采用多种评估方法相互补充，以获得更全面、客观的评估结果。

制订评估计划：依据评估目标、内容和方法，制订具体的评估计划，包括评估时间、评估环节、评估人员、评估组织形式等，确保评估工作的有序进行。

实施评估与反馈：按照评估计划开展评估活动，同时收集学生、教师及相关人员的意见和建议，对评估结果进行分析和反馈，为教学改进提供参考依据。

评估结果运用：将评估结果运用于教学改进和学生发展，指导教师调整教学方法和教学策略，帮助学生明确学习目标和学习路径，提高多模态英语教学的质量和效果。

四、多模态英语教学评估体系的实践应用

下面以某高校的多模态英语教学项目为例，介绍多模态英语教学评估体系的实践应用。

在项目启动阶段，项目组成立评估小组，负责多模态英语教学评估体系的构建和实施工作。评估小组根据多模态英语教学的特点和目标，确定评估目标，设计评估内容，并选择合适的评估方法。评估小组制订评估计划，明确评估时间、环节、人员和组织形式，确保评估工作的顺利开展。

在项目实施过程中，评估小组定期进行教学质量评估，包括课堂教学评估、课程资源评估、学生学习成果评估等，收集教师、学生和相关人员的意见和建议，对评估结果进行分析和反馈。评估结果为教学改进提供了参考依据，指导教师调整教学方法和策略，帮助学生明确学习目标和学习路径，提高了多模态英语教学的质量和效果。

在此次项目中，通过实践应用，多模态英语教学评估体系在提高教学质量、促进学生发展等方面取得了显著效果，为多模态英语教学的推广和发展提供了有力支持。

参考文献

[1] 郭万群 . 大学英语多模态课堂教学研究 [M]. 上海：上海交通大学出版社，
     2015.

[2] 刘凤贤 . 多模态隐喻在英语教学中的应用 [M]. 北京：九州出版社，2019.

[3] 罗桂莲 . 基于多模态话语的英语教学模式研究 [M]. 南昌：江西科学技术出
     版社，2016.

[4] 马丽芬 . 高校英语多模态教学理论的解构与重塑 [M]. 北京：中国原子能出
     版社，2020.

[5] 苏一凡 . 多模态英语教学理论与实践 [M]. 北京：中华工商联合出版社，2021.

[6] 陶亚宁 . 现代英语阅读与多模态教学融合研究 [M]. 天津：天津科学技术出
     版社，2020.

[7] 王艳霞 . 大学英语多模式课堂教学研究 [M]. 长春：吉林出版集团股份有限
     公司，2020.

[8] 杨海娟 . 高校英语课堂教学改革与大学生交际能力培养 [M]. 长春：吉林出
     版集团股份有限公司，2020.

[9] 姚永红 . 新媒体时代英语多模态教学模式架构 [M]. 长春：东北师范大学出
     版社，2018.

[10] 张德禄，黄立鹤 . 多模态与外语教育研究 [M]. 上海：同济大学出版社，
     2018.

[11] 张青妹 . 技术多模态语境下的话语研究 [M]. 天津：南开大学出版社，2019.

[12] 郑小媚 . 高校英语多模态课堂教学研究 [M]. 北京：国家行政学院出版社，2018.

[13] 周天楠，白雪晴 . 多模态智慧教学与大学英语翻译课堂的深度融合模式探析 [J]. 成都师范学院学报，2022（12）：80-87.

[14] 陈力 . 多模态语篇在英语课程教学中的意义 [J]. 小学教学设计，2022（33）：1.

[15] 禾婧 . "多模态"语境下英语教学模式的实践性研究 [J]. 江西电力职业技术学院学报，2022（10）：57-59.

[16] 郝会杰 . 多模态视角下大学英语课程思政教学模式研究 [J]. 大学，2022（30）：173-176.

[17] 孙静 . 多模态话语分析在大学英语课堂教学中的运用 [J]. 海外英语，2022（20）：89-90.

[18] 李传馨 . 多模态教学模式在英语词汇教学中的应用 [J]. 科教导刊，2022（24）：29-31.

[19] 许佳 . 探析多模态教学模式在高校英语听说课中的应用 [J]. 海外英语，2022（13）：110-111.

[20] 王敏，陶文好 . 多模态大学英语课堂话语构建"语境模型"教学实证研究 [J]. 绍兴文理学院学报（教育版），2022（1）：82-89.

[21] 陆静洁 . 多模态资源在语篇教学中的运用与反思 [J]. 小学教学研究，2022（18）：66-68.

[22] 解芳，邹湘怡 . 多模态教学模式在英语教学中的应用研究 [J]. 英语广场，2022（6）：119-121.

[23] 梁强 . 英语语言教学中多模态话语的意义与构建 [J]. 白城师范学院学报，2022（1）：107-111.

[24] 贾慧慧 . 人工智能时代大学英语多模态信息化教学研究 [J]. 内蒙古财经大学学报，2022（1）：30-33.

[25] 黄静.多模态教学模式下的大学英语视听说教学研究 [J].河池学院学报，2021（6）：61–65.

[26] 董燕，郭绍波.英语教学中多模态隐喻文本的表意探究 [J].教育教学论坛，2021（47）：139–144.

[27] 李兰蒙.多模态大学英语教学模式建构—教师行为与学生信念的契合 [D].天津：天津理工大学，2021.